ENGLISCH

Lernen mal anders

3000 Vokabeln in 30 Stunden

SPRACHEN
Lernen mal anders

Englisch lernen mal anders

3000 Vokabeln in 30 Stunden

von

Sprachen lernen mal anders

www.sprachenlernenmalanders.de
E-Mail: seppeur@sprachenlernenmalanders.com

Überarbeitete Auflage 2022

© 2017 Sonja Seppeur, Liegnitzer Str. 17, 95448 Bayreuth

Druck: Amazon Fulfillment

ISBN: 979-8727716847

Newsletter

Sicher dir jetzt den kostenlosen Sprachenguide mit den 10 wichtigsten Vokabeln der Sprachen Englisch, Französisch, Spanisch, Portugiesisch und Italienisch über unseren Newsletter auf:

www.sprachenlernenmalanders.com/sprachenguide

Sprachen-Guide

SPANISCH ENGLISCH
FRANZÖSISCH PORTUGIESISCH
ITALIENISCH

Lernen mal anders

Die 10 wichtigsten Vokabeln

SPRACHEN
Lernen mal anders

Inhaltsverzeichnis

Lautschrift

In den meisten Büchern nutzt man als Lautschrift das Internationale Phonetische Alphabet (IPA). Dies ist für viele Sprachenlerner nur schwer oder gar nicht verständlich, da es mit vielen Sonderzeichen arbeitet. Wir verzichten daher darauf bis auf eine Ausnahme (ə zur Unterscheidung zweier e-Laute z.B. in „**better** → *bettə*"). Die Lautschrift findest du nach jeder Vokabel in *Kursivschrift*, wobei die zu betonende Silbe <u>unterstrichen</u> ist.

IPA	bei uns	Beispiele	Lautschrift	Aussprache wie in
		Vokale		
æ	*ä*	bad, sad	*bäd, ßäd*	zwischen a und ä
ʌ	*a*	run, must	*ran, maßt*	satt, Mast
aː	*aː*	arm	*aːm*	Bahn
e/ɛ	*e*	bed, better	*bed, <u>bett</u>ə*	fett, Lende
ə	*ə*	sufficient	*ßə<u>fisch</u>ənt*	Mitte, Tante
ɪ/i	*i*	fit, sing	*fit, ßing*	fit
ɪː	*iː*	seat	*ßiːt*	Lied
ɒ	*o*	lock	*lock*	Socke
ɔː	*oː*	lord	*loːd*	Korn
ʊ	*u*	look, push	*luk, pusch*	Futter
uː	*uː*	food	*fuːd*	Mut
ɜː	*öː*	bird	*böːd*	fördern
aɪ	*ai*	mind	*maind*	fein, heiter
aʊ	*au*	mouse	*mauß*	Maus
ei	*ei*	lay	*lei*	hey

1

eə	*eə*	air, care	*eə, keə*	wer, Meer
əʊ	*əu*	low, show	*ləu, schəu*	Deutsche sprechen meist „*lou*"
ɪə	*iə*	fear, here	*fiə, hiə*	Bier
ɔɪ	*oi*	choice	*tschoiß*	Mäuse

Konsonanten

b d f g h l m n p t	*gleiche Schreibweise und weitgehend gleiche Aussprache*			
k	*k*	car, make	*ka:, meik*	kahl, Mikado
s	*ß*	sun, sad	*ßan, ßäd*	Fass, Hast
z	*s*	thousand	*thausənd*	tausend, Sonne
v	*v/f*	voice/ reserve	*voiß/risö:f*	Villa/Wein, Alf
w	*w*	wind	*wind*	kein deutscher Laut
ŋ	*ng*	sing, link	*ßing, lingk*	singen, Link
ð	*th*	the	*thə*	kein deutscher Laut
θ	*th*	thick	*thik*	kein deutscher Laut
ʃ	*sch*	ship	*schip*	Schiff
ʧ	*tsch*	chief	*tschi:f*	Klatsch
ʒ	*sch*	garage	*gärasch*	Garage
ʤ	*dsch*	jeans	*dschi:nß*	Jeans, Dschungel

Lerntechniken

Tu dir und deinem Gehirn etwas Gutes und lass dich ein auf das Abenteuer „Lernen mal anders". Am Ende dieser Einleitung beherrschst du schon die erfolgreichsten Lerntechniken und 80 englische Vokabeln.

Mit diesem Buch wirst du spielerisch die 3000 wichtigsten englischen Vokabeln lernen. Und das auf modernste Art und Weise mit allen Gedächtniskünsten, welche die faszinierende Welt der Gehirn- und Gedächtnisforschung hervorgebracht hat. Diese Techniken haben wir in diesem Buch aufbereitet, zum Teil selbst entwickelt und in vielen Seminaren mit allen Altersklassen erfolgreich ausprobiert.

Während du den Text über die einzelnen Lerntechniken durchliest, merkst du dir dabei schon die Vokabeln. Viele tausende englische Wörter sind sehr ähnlich der deutschen Sprache. Wir haben 3000 der häufigsten Vokabeln zusammengestellt, welche zu einem Teil (klangähnliche Vokabeln) durch aufmerksames Durchlesen in Kombination mit deinem Vorwissen, zum anderen Teil mit Hilfe von Merktechniken in deinem Gedächtnis haften bleiben werden. Lass dich von den folgenden Beispielen überzeugen!

connection – *kənekschn*	die Konnektion, die Verbindung
industrial nation – *indaßtriəl neischn*	die Industrienation
nut – *nat*	die Nuss
crisis – *kraißiß*	die Krise
headline – *hedlain*	die Schlagzeile, die Kopfzeile

Neben den klangähnlichen Vokabeln gibt es noch schwierigere Vokabeln, die eine Lernhilfe benötigen. Diese findest du in den jeweiligen Themenbereichen unter „Lernhilfen". Die Lernhilfe zur jeweiligen Vokabel steht in der nächsten Zeile nach „LH:". Im Folgenden siehst du ein paar erste Beispiele. Mehr zu den Lerntechniken erfährst du in den darauffolgenden Unterkapiteln.

pen – *pen*	der Stift, der Füller, der Kugelschreiber

LH: *pencil – der Bleistift, ähnlich dt.* **Pinsel**

honest – *onißt*	ehrlich
honesty – *onəßti*	die Ehrlichkeit

LH: *ein ehrliches* **Honorar** *von ehrlichen* **Honoratoren**

to save – *seif*	(ab)speichern, sichern, retten

LH: **safe** *– sicher* → *Der* **Safe** *sichert Werte.*

waiter – *weitə*	der Kellner
waitress – *weitrəß*	die Kellnerin

LH: *Im Deutschen spricht man auch vom* „auf**warten**".

Auf einem Zuckerpäckchen haben wir folgenden Spruch von Albert Einstein gefunden:

> **Two things are infinite: the universe and human stupidity, and I'm not sure about the universe.**

Zwei Dinge sind unendlich: das Universum und die menschliche Dummheit; und bei dem Universum bin ich mir noch nicht ganz sicher.

Dieser Satz ist ein sehr treffendes Beispiel für die Ähnlichkeit der deutschen Übersetzung. Mit dem Vorwissen **fin** für „Ende", **stupid** für „dumm" und **about** für „über" verstehen auch Englisch-Anfänger diesen Satz!

Versuche dich einmal selbst an folgendem Zitat:

If you want to live a happy life, tie it to a goal, not to people or objects.

An diesem Satz erkennst du auch, dass es wichtig ist, möglichst einen großen Wortschatz zu besitzen. Fehlt oft nur ein Wort im Satz, verstehst du die ganze Bedeutung nicht. Hier könnten es die Wörter **tie** oder **goal** sein.

Tie heißt nicht nur „Krawatte", sondern auch „binden" und „verbinden". Und **goal** ist nicht nur „das Fußballtor", sondern auch „Ziel" oder „Zweck".

Die wörtliche Übersetzung lautet also:

Wenn du wünschst zu leben ein glückliches Leben, verbinde es mit einem Ziel, nicht mit Menschen oder Objekten.

In gutem Deutsch klingt es so:

Wenn du ein glückliches Leben führen willst, konzentriere dich auf ein Ziel, nicht auf Menschen oder Gegenstände.

Wissensnetz

In deinem Gehirn findet sich sicherlich ein ganzer Berg Wissen, geradezu ein Wissensschatz, den du mit neuen Vokabeln verknüpfen kannst. In deinem Wissensnetz sind der deutsche Wortschatz und zumindest gängige Wörter aus dem Schulenglisch fest verankert. Dazu gegebenfalls zusätzliche Kenntnisse anderer Fremdsprachen und Anglizismen, englische Wörter, die in den deutschen Sprachgebrauch eingeflossen sind.

Du arbeitest in einem Full-time-Job? Dann fällt es dir leicht, dir die Teilzeit und Gleitzeit zu merken:

full-time – _ful_-taim	die Vollzeit
part-time – _paːt_-taim	die Teilzeit
flexitime – _flekßitaim_	die Gleitzeit

Vielleicht kennst du einen **Workaholic**? Dann lernst du in kurzer Zeit auch folgendes:

work – wöːk	das Werk, die Arbeit
to work – wöːk	arbeiten
worker – _wöːkə_	Arbeiter/in
to go to work	zur Arbeit gehen
working hours – _wöː_king auəs	die Arbeitszeit
work permit – _wöːk_ _pöː_mit	die Arbeitsgenehmigung

Gehen wir gemeinsam noch einen Schritt weiter und schauen uns Worte mit der Vorsilbe **con-** an, bekannt aus „summa **cum** laude – **mit** höchstem Lob".

Aus der lateinischen Vorsilbe **cum-** (mit-, zusammen, völlig) haben sich im Englischen die Silben **con-**, **col-**, **com-**, **cor-** entwickelt. Mit diesem Vorwissen fällt es dir wesentlich leichter, dir Vokabeln zu merken, die nicht ähnlich sind, wie zum Beispiel:

to consider – *kənßidə*	überlegen, erwägen, von verschiedenen Seiten betrachen

LH: **con** – *mit,* **side** – *Seite*

Im Folgenden siehst du einen kurzen Auszug von gängigen Anglizismen, der dir zeigt, dass diese Wörter auch wirklich im Englischen in dieser Form existieren und nur einer angepassten Aussprache bedürfen:

concern – *kənßö:n*	der Konzern, die Sorge, das Anliegen
condition – *kəndischn*	die Kondition
confused – *kənfjußd*	konfus, wirr
conflict – *kənflikt*	der Konflikt
collection – *koläktschn*	die Kollektion, die Sammlung
comfortable – *kamftəbl*	komfortabel, bequem, gemütlich
congratulation – *kəngrätschuleischn*	die Gratulation, die Glückwünsche
control – *kəntrəul*	die Kontrolle
to consume – *kənßju:m*	konsumieren

conversation – *konwəßeischn*	die Konversation
co-author – *kəu-oːthə*	der Ko-Autor, der Mitautor
coalition – *kəuəlischən*	die Koalition (pol.)
communism – *komjunism*	der Kommunismus
conference – *konfrənß*	die Konferenz
corrosion – *korəuschn*	die Korrosion
corruption – *koraptschn*	die Korruption
conclusion – *kənkluːschn*	die Konklusion, der Abschluss

Erweiter tagtäglich dein Wissensnetz! Schau Dokumentationen, lies Fachbücher und Zeitungen. Wichtig ist, dass du genügend Disziplin aufbringst, um auch wirklich jeden Tag etwas für den Spracherwerb zu tun. Nur steter Tropfen baut den Stalagmiten!

Folgendes ist eine gute Hilfe für dich. Besorg dir ein kleines Büchlein oder einen Notizblock und trag es unterwegs bei dir. Wenn dir nun tagsüber etwas Interessantes begegnet, zu dem du weitere Informationen erwerben möchtest, schreibst du es sofort auf. Bis zum Abend hättest du vieles schon wieder vergessen.

Dieses Büchlein wird empfohlen für Gedankenblitze, für Geschäftsideen und zur Weiterbildung. Schreib zum Vokabellernen ebenfalls Wörter oder Sätze auf, die du für nützlich hältst.

Nach einiger Zeit besitzt du ein ganz persönliches Wörterbuch mit für dich angepassten Vokabeln, Sätzen und Redewendungen.

Setz dir ein persönliches Ziel von 3 bis 5 Begriffen pro Tag. Beschäftige dich am gleichen Abend einige Minuten mit der Übersetzung und falls nötig, versiehst du die Vokabeln mit einer der hier vorgestellten Lerntechniken. Danach kannst du die Wörter noch auf Karteikärtchen oder in dein Vokabelheft schreiben. Nutze hierfür gerne unser passend zu unseren Büchern konzipiertes Vokabelheft:

„Dein Vokabelheft von Sprachen lernen mal anders – Mit zusätzlichen Spalten für Lernhilfen und Wiederholungsstrategie für alle Sprachen"

Geschichtenmethode

Mit der bekannten Gedächtnistechnik **Geschichtenmethode** kannst du einen Schwung von zehn bis zwanzig Vokabeln auf kreative Weise dauerhaft in deinem Gedächtnis speichern.

Angenommen du nimmst dir vor, die englische Tierwelt in deinem Kopf parat zu haben, weil zum Beispiel deine neue Freundin aus England Tierpflegerin ist. Lerne nun in kurzer Zeit die Namen der Tiere:

calf – *ka:f*	das Kalb
pig – *pig*	das Schwein
sheep – *schi:p*	das Schaf
goat – *gəut*	die Ziege
bird – *bö:d*	der Vogel
eagle – *igəl*	der Adler

Du kannst die klangähnlichen mischen mit den schwierigeren Vokabeln, die eine Lernhilfe (LH:) in diesem Buch bekommen haben.

Nun konzentrier dich auf eine kurze Geschichte, ein kleines Drehbuch in deinem Kopf:

„Du befindest dich in Cornwall auf einer Landstraße. Du ziehst an einer Leine ein kleines **calf** hinter dir her. Sprich laut „calf, calf, calf" und schau das Tier an. Es hat ein lockiges braunes Fell und macht vergnügt „muuh".

Auf der rechten Seite kommst du an einem Schweinegehege vorbei. 9 junge **pigs** wühlen dort im Morast, „pig, pig, pig...". Ein besonders niedliches **pig** steckst du in deinen Rucksack.

Du gehst weiter und plötzlich nach einer Kurve versperrt dir eine Schafherde den Weg. Du bist nun umringt von ganz vielen drängelnden **sheeps**, „sheep, sheep, sheep...". Dein **calf** und auch das **pig** werden unruhig.

Und auch dir wird angst und bange, als zwischen den **sheeps** eine **goat** auf dich zukommt und deine Beine mit den Hörnern stößt. „Blöde **goat**, go weiter!" rufst du laut. Du wünschst dir sehnsüchtig Rettung herbei. In der Ferne siehst du einen Vogelschwarm am Himmel, ganz viele **birds**! Und wie bei J.R.R.Tolkien rufst du nun auch „Die **eagles** kommen!"."

Solch eine selbstgebastelte Geschichte macht Spaß, kann beim Zähneputzen wiederholt werden und ist nach mehrmaliger Wiederholung für lange Zeit in deinem Gedächtnis verknüpft.

Bewegungspausen

Während du lernst oder arbeitest, solltest du in regelmäßigen Abständen Bewegungseinheiten einlegen. Nach etwa 20 Minuten Konzentration brauchen Körper und Geist wieder Abwechslung.

Steh dann idealerweise auf und beweg dich. Wende Übungen an, die du im Sportverein oder in Kursen gelernt hast. Nutz diese gute Gelegenheit und nimm zusätzlich deine 2 Liter Wasser am Tag zu dir.

Kommen wir nun zu den Vokabeln, die durch dein Wissensnetz durchfallen. Mit denen du auf den ersten Blick nicht viel anfangen kannst. Für diese schwierigeren Vokabeln gibt es die Schlüsselwortmethode.

Schlüsselwortmethode

Ein anschauliches Beispiel für die bewährte Schlüsselwortmethode bietet uns das Wort:

peak – *pi:k* – der Gipfel

Falls du ein geübter visueller Lerntyp bist, genügt schon das bloße Anschauen von einem Berggipfel auf einem Foto und mehrmaliges lautes Wiederholen „peak, peak" mit Berühren des Fotos. Andernfalls wendest du die Schlüsselwortmethode an und wirst kreativ.

Wie funktioniert diese bewährte Technik?

Du suchst ein klangähnliches **deutsches** Wort. **Peak** erinnert dich an das Wort „**Pike**" oder „**picksen**". Nun nimmst du die Pike (eine Art Lanze) und stellst diese auf den höchsten Gipfel deines Fantasieberges. Stell dir die Szene bildhaft vor. Eine goldglänzende Pike auf dem Gipfel deines Matterhorns.

Nimm das erste Bild, welches dir in den Kopf schießt. Es ist gut! Es hat beste Chancen, dass du dich daran wieder erinnerst, weil es dir und keinem anderen eingefallen ist.

Das Prinzip ist immer das Gleiche:

  1. **Neue Vokabel**:
      peak – Gipfel

  2. Suche eines möglichst **ähnlichen deutschen Wortes**:
      peak → Pike

  3. **Verbinden** des Wortes **bildhaft** mit der deutschen Übersetzung:
      Pike auf Gipfel

Dein Vokabelheft

Für alle Vokabeln, die dir außerhalb dieses Buchs begegnen und die du für nützlich hältst, bietet sich ein Vokabelheft an. Darin kannst du zusätzlich Vokabeln aus diesem Buch notieren, die dir besonders wichtig sind oder für die du eine eigene Lernhilfe aufschreiben möchtest.

Mit deinem Vokabelheft von Sprachen lernen mal anders erhältst du die ideale Ergänzung zu diesem Buch. Es enthält eine dritte Spalte für Merkhilfen und drei weitere Kästchen zum Abhaken für eine effiziente Wiederholung. Mit dem persönlichen Inhaltsverzeichnis lassen sich die Vokabeln in verschiedene Themenbereiche gliedern. So behältst du stets den Überblick!

Eine bewährte Unterstützung für dein Gedächtnis ist folgende Technik:

Schreib die Vokabel mit dem Finger auf deinen Oberschenkel oder in die Luft. Dabei sprichst du laut mit: z.B. „vote, vote, vote, wählen, wählen, wählen".

Dann schreibst du das Wort sorgfältig in dein Vokabelheft zusammen mit einer Merkhilfe. Arbeite im Idealfall mit Farben und/oder Skizzen.

Beispiel:

roll – *roul*	das Brötchen, auch der Müllcontainer
to roll	rollen, walzen

LH: Ich rolle den Brötchenteig in der Hand und werfe die nicht verkauften Brötchen in den Müllcontainer, der daraufhin empört davonrollt. (Skizze)

Vergiss bei schwierigeren Vokabeln auf keinen Fall eine Lerntechnik anzuwenden. Sonst bist du beim sturen Vokabelpauken gelandet und das mag unser auf Abwechslung stehendes Gehirn keinesfalls.

Jede Vokabel ist zu knacken. Mach einen Sport daraus die effizienteste, kreativste oder witzigste Idee zu entwickeln!

Etymologische Lerntricks

Aus dem Buch „Take it easy" von Autor Dietmar Urmes haben wir etymologische Lerntricks und grammatikalische Faustregeln kennengelernt und praktisch angewendet für unsere „3000 Vokabeln mal anders". Hier folgt eine Zusammenfassung der Ableitungstricks:

gh(t) → ch(t)

light	Licht
sight	Sicht
knight	Knecht (Ritter)
flight	Flucht

Zu beachten ist, dass sich der Vokal gerne ändert.

th → d

bath	Bad
north	Norden
thorn	Dorn
thick	dick

t → z

heart	Herz
malt	Malz
pelt	Pelz
tin	Zinn
felt	Filz

d → t

bed	Bett
blood	Blut
day	Tag
deed	Tat

f / ve → b

Das Substantiv hat oft ein **f** wie in „**safe** – Geldschrank", das Verb und der Plural hat ein **ve** wie in „**to save** – sparen" oder „**wolf** – Wolf" und Plural „**wolves**".

calf	Kalb
dove	Taube
even	eben
half	halb
heave	heben

p → pf / f

cramp	Krampf
plum	Plaume
apple	Apfel
copper	Kupfer
pepper	Pfeffer

y → g / j

LH: Das **y** ist in der Schreibschrift ähnlich dem **g**.

fly	Fliege
lay	legen
slay	schlagen
way	Weg
yarn	Garn
year	Jahr

k → ch

beaker	Becher
beck	Bach
drake	Drache
cake	Kuchen
oak	Eiche

sh → sch

ash	Asche
fish	Fisch
rash	rasch
sheen	Schein

i → ü / ö

fill	füllen
bridge	Brücke
kiss	küssen
midge	Mücke
mint	Münze

i → e

field	Feld
six	sechs
felt	Filz
give	geben

Viele englische Wörter besitzen einen germanischen Ursprung. Ihnen fehlt oftmals das **n/l**.

kein n/l

dust	Dunst
fifty	fünfzig
goose	Gans
soft	sanft
wish	Wunsch

Die folgenden Themen-Kapitel starten jeweils mit einer klangähnlichen Vokabelliste. Danach folgen die schwierigeren Wörter, die mit einer Lernhilfe ausgestattet sind. Die Merkhilfen sollen dir den Einstieg in die Lerntechniken erleichtern und dienen als Vorlage und Inspiration. Besonders gut merkst du dir selbst ausgedachte Lernhilfen, da sie auf deinem individuellen Vorwissen beruhen. So entstehen die besten Vernetzungen in deinem Gehirn.

Lerne mit unseren Lernhilfen oder überlege dir deine eigene einzigartige Merkhilfe, wenn du mal nichts mit einer Lernhilfe anfangen kannst oder kreativ werden möchtest.

Zusätzlich findest du in den einzelnen Kapiteln immer wieder spannende Fun Facts (graue Kästen) und Grammatikeinheiten eingestreut. Da unser Gehirn auf Abwechslung steht, erhältst du so den bestmöglichen Lerneffekt! Starte nun mit dem ersten Thema „Kochen und Genießen" oder einem Themenkapitel deiner Wahl. Viel Spaß bei deiner ersten Lerneinheit!

Kochen und Genießen

Klangähnliche Vokabeln

bread – *bred*	das Brot
toast – *təußt*	der Toast
fruit – *fru:t*	die Frucht, das Obst
apple – *äpl*	der Apfel
orange – *orəndsch*	die Orange
grapefruit – *greipfru:t*	die Grapefruit, die Pampelmuse
melon – *melən*	die Melone
watermelon – *wo:təmelən*	die Wassermelone
banana – *bəna:nə*	die Banane
apricot – *äprikot*	die Aprikose
lime – *laim*	die Limone
meal – *mi:l*	die Mahlzeit
appetite – *äpətait*	der Appetit

thirst – *thö:ßt*	der Durst (LH: th → d)
thirsty – *thö:ßti*	durstig
hunger – *hangə*	der Hunger
hungry – *hangri*	hungrig
fresh – *fresch*	frisch (LH: sh → sch)
sour – *ßauə*	sauer
salt – *ßo:lt*	das Salz (LH: t → z)
salty – *ßo:lti*	salzig
hot – *hot*	scharf (LH: heiß)
cooked – *kukd*	gekocht, gar
noodles – *nu:dls*	die Nudeln
pasta – *pa:ßtə*	die Nudeln, die Pasta
rice – *raiß*	der Reis
cook – *kuk*	Koch/Köchin
to cook – *kuk*	kochen
to make – *meik*	zubereiten, machen
raw – *ro:*	roh
to bake – *beik*	backen
cake – *keik*	der Kuchen
biscuit – *bißkit*	der Keks
muffin – *mafin*	der Muffin
doughnut – *dəunat*	der Donut
nut – *nat*	die Nuss

walnut – _woːlnat_	die Walnuss
to roast – _rəußt_	rösten, braten
to dress – _dreß_	(Salat) anmachen mit Dressing
to warm up – _woːm ap_	(Essen) warm machen
frozen – _frəußn_	gefroren, tiefgekühlt
drop – _drop_	der Tropfen (LH: d → t) (LH: p → pf)
diet – _daiət_	die Ernährung, die Diät
muesli – _mjuːßli_	das Müsli
salad – _Bäləd_	der Salat
olive – _oliv_	die Olive
tomato – _təmaːtəu_	die Tomate
carrot – _kärət_	die Karotte, die Mohrrübe
sauerkraut – _Bauəkraut_	das Sauerkraut
bean – _biːn_	die Bohne
aubergine – _əubəschiːn_	die Aubergine
spinach – _Bpinitsch_	der Spinat
pepper – _pepə_	der Pfeffer, die Paprika
to consume – _konßjuːm_	komsumieren, verzehren
excellent – _ekßələnt_	vorzüglich, exzellent
to grill – _gril_	grillen
packet – _päkit_	die Packung
bag – _bäg_	die Tüte, der Beutel
ripe – _raip_	reif (LH: p → f)

23

bitter – _bitə_	bitter
dry – _drai_	trocken (LH: d → t)
vegetarian – _vedschəteəriən_	Vegetarier/in, vegetarisch
fat – _fät_	das Fett
low-fat – _ləufät_	fettarm
vitamin – _vitəmin_	das Vitamin
recipe – _reßəpi_	das Rezept
to add – _äd_	hinzufügen, addieren
to peel – _pi:l_	schälen, pellen
picnic – _piknik_	das Picknick
steak – _ßteik_	das Steak
salami – _ßəla:mi_	die Salami
fish – _fisch_	der Fisch
milk – _milk_	die Milch
butter – _batə_	die Butter
lamb – _lämb_	das Lamm, Lammfleisch
cutlet – _katlət_	das Kotelett
seafood – _ßi:fu:d_	die Meeresfrüchte
yoghurt – _jogət_	der Joghurt
quark – _kwo:k_	der Quark
buttermilk – _batəmilk_	die Buttermilch
oil – _oil_	das Öl
basil – _bäsl_	das Basilikum

margarine – *ma:dschəri:n*	die Margarine
soy – *ßoi*	die Soja
tofu – *təufu:*	der Tofu
sugar – *schugə*	der Zucker
honey – *hani*	der Honig
marmalade – *ma:məleid*	die Marmelade
chocolate – *tschoklət*	die Schokolade
ice cream – *aißkrim*	die Eiscreme, das Eis
crisps – *krisps*	die Kartoffelchips
cigarette – *ßigəret*	die Zigarette
tobacco – *təbäkəu*	der Tabak
pipe – *paip*	die Pfeife
cigar – *ßiga:*	die Zigarre
coffee – *kofi*	der Kaffee
espresso – *espreßəu*	der Espresso
cappuccino – *käpətschi:nəu*	der Cappuccino
tea – *ti:*	der Tee
drink – *drink*	der Drink, das Getränk, trinken
mineral water – *minrəl wo:tə*	das Mineralwasser
lemonade – *leməneid*	die Zitronenlimonade
orangeade – *orəndscheid*	die Orangenlimonade
Coke – *kəuk*	die Cola
alcohol – *älkəhol*	der Alkohol

wine – *wain*	der Wein
beer – *biə*	das Bier
red wine – *red wain*	der Rotwein
white wine – *wait wain*	der Weißwein
rosé – *rəusei*	der Rosé-Wein
latte – *lätei*	der Milchkaffee (Latte Macchiato)
soft drink – *ßoft drink*	das Erfrischungsgetränk
cream – *kri:m*	Creme, Rahm, Sahne
bone – *bəun*	das Bein, der Knochen, die Gräte
sweet – *ßwi:t*	süß, das Bonbon
sweets – *ßwi:ts*	die Süßigkeiten

Fun Fact

Bis zum 16. Jh. gab es in England keine Ananas. Nach ihrer Einführung wurde sie extrem begehrt und zu einem Statussymbol. Man konnte sich die Ananas als ganze Frucht leihen, sie zu einer Partie mitnehmen und dort mit ihr Pluspunkte in der Beliebtheitsskala sammeln. Ebenso nahm man sie auf dem Arm zu einem Spaziergang mit.

Lernhilfen

food – *fu:d*	die Nahrung, das Lebensmittel

LH: **Futter**

meat – *mi:t*	das Fleisch

LH: Ich schneide mein Fleischstück in der **Mitte** durch.

pork – *po:k*	das Schweinefleisch

LH: Mein Schweinestück wirft **Pock**en (Bläschen) beim Braten.

beef – *bi:f*	das Rindfleisch

LH: Ein **Beef**steak ist aus Rindfleisch.

veal – *vi:l*	das Kalbfleisch

LH: Ich mag viel Kalbfleisch wegen dem besonderen „**feeling**" auf der Zunge.

chicken – *tschikn*	das Hühnchen

LH: eine Parade **schicker** Hühner

wing – *wing*	der Flügel

LH: Chicken **Wings**

leg – *leg*	die Keule

LH: leg – Bein
→ beim Sitzen die Beine übereinander **legen**

drumstick – *dramßtik*	die Geflügelkeule

LH: Stöcke für Schlagzeuger heißen **drumsticks**.
→ Jemand trommelt mit Geflügelkeulen.

sausage – *ßoßidsch*	das Würstchen

LH: Die **Sau sagt**: Meine Würstchen gibt es nur mit **Soße**.

ham – *häm*	der Schinken

LH: Ein **Ham**ster knabbert meinen Schinken an.

bacon – *beikən*	der Speck

LH: Speck am **Becken**

salmon – *ßämən*	der Lachs

LH: Esse keinen Lachs mit **Salmon**ellen, gefangen von einem **Seemann**!

cheese – *tschiːs*	der Käse
cream cheese – *kriːm tschiːs*	der Frischkäse

LH: Sag „**tschüss**" zum letzten Käsestück und esse es auf.

turkey – *töːki*	die Pute

LH: ein Putenzuchtbetrieb in der **Türkei**

vinegar – <u>*vinigə*</u>	der Essig

LH: Versuche aus **Wein** Essig zu **garen.**

egg – *eg*	das Ei

LH: Dein Huhn legt ein **eckiges** Ei.

spice – *ßpaiß*	das Gewürz
spicy – <u>*ßpaißi*</u>	scharf

LH: Schicke die scharfen **Spice** Girls in einen Gewürzbasar.

mustard – <u>*mastəd*</u>	der Senf

LH: Mein **Mustang** mag die Wurst nur mit Senf.

herbs – *höːbs*	die Kräuter

LH: Der Geschmack von Kräuterschnaps ist **herb.**

juice – *dschuːß*	der Saft

LH: Trinke Saft aus dem gläsernen **Schuh** von Cinderella.

sparkling water – *spa:kling wo:tə*	der Sprudel
sparkling wine – *spa:kling wain*	der Sekt

LH: *to sparkle – prikeln, glitzern*

ice cube – *aiß kju:b*	der Eiswürfel

LH: *Kubus*

crushed ice – *krascht aiß*	das zerstoßene Eis

LH: *Crash*

grape – *greip*	die Traube

LH: *Ein Baby **grap**scht nach leckeren Weintrauben.*

peanut – *pi:nat*	die Erdnuss

LH: *Kennst du den Spruch „das sind doch **Peanuts**"?*

almond – *a:mənd*	die Mandel

LH: *ein **mandel**förmiger **Mond** am Nachthimmel*

potato – *pəteitəu*	die Kartoffel

LH: *Sei keine Coach-**Potato**, keine rundliche Kartoffel auf deinem Sofa.*

| sweetcorn – ßwi:tko:n | der Mais |

LH: wörtl. süßes Korn
→ Zuckermais hat süße Körner.

| vegetable – vedschtəbl | das Gemüse |

LH: **veget**arisches Gemüse auf dem **table** (Tisch)

| pea – pi: | die Erbse |

LH: ähnlich den **peanuts** – Erbsennüsse

| stew – ßtju | der Eintopf |
| to stew | dünsten, dämpfen |

LH: Der **Stew**art im Flieger serviert einen **stew** und **st**olpert dabei.

| gateau – gätəu | die Torte |

LH: Das **Ghetto** wird mit Torten beschenkt.

| flour – flauə | das Mehl |

LH: klangähnlich **flower** – Blume, Blüte
→ Ich mische Blütenblätter zwischen das Mehl.

| cucumber – kju:kambə | die Gurke |

LH: Würze die grüne Gurke mit **Kurkuma** und staune über das Gelb.

31

to taste – *teißt*	schmecken

LH: *Die Zunge **tastet** beim Schmecken.*

delicious – *dilischəß*	köstlich

LH: ***delikate** Pralinen*

bottle – *botl*	die Flasche

LH: *umgangssprachlich **Buddel** für Flasche*

slice – *ßlaiß*	die Scheibe

LH: *„slice of life" bezeichnet in der Literatur einen Ausschnitt aus dem Alltag einer Person. Der Alltag kann den Menschen ganz schön ver**schleiß**en.*

to cut – *kat*	schneiden, abschneiden

LH: ***Cutter***

to boil – *boil*	kochen
hard-boiled – *ha:d-boild*	hart gekocht

LH: *der **Boil**er*

to fry – *frai*	braten

LH: *f**r**ittieren*

to deep-fry – *di:p-frai*	frittieren

LH: **deep** – *tief (LH: d → t) (LH: p → f)*

store – *ßto:*	lagern

LH: *Der* **Store** *lagert Ware.*

tin – *tin*	die Dose

LH: *Eine Kantine bietet oft Dosennahrung an.*

grated – *greitid*	gerieben

LH: **Gratin** *beinhaltet meist geriebenen Käse.*

peeling – *pi:ling*	die Schale

LH: **Pelle**

to spill – *ßpil*	verschütten

LH: *Stell dir ein Trink-*Spiel *vor, dabei wird einiges verschüttet.*
Redewendung: Spill the beans! – Nun erzähl schon!

Verb trinken (drink)+Personalpronomen

ich trinke	*ai drink*	**I drink**
du trinkst	*ju drink*	**you drink**
er/sie/es trinkt	*hi/schi/it drinkß*	**he/she/it drinks**
wir trinken	*wi drink*	**we drink**
ihr trinkt	*ju drink*	**you drink**
sie trinken	*thei drink*	**they drink**

Ausgehen

Klangähnliche Vokabeln

restaurant – *reßtront*	das Restaurant
café – *käfei*	das Café
pub – *pab*	der Pub, die Kneipe
pizzeria – *pi:tßəri:ə*	die Pizzeria
cafeteria – *käfətiəriə*	die Cafeteria
bar – *ba:*	die Bar
cake shop – *keik schop*	die Konditorei
bakery – *beikəri*	die Bäckerei
self-service restaurant – *ßelf-ßəvis reßtront*	das Selbstbedienungsrestaurant
snack bar – *ßnäk ba:*	die Imbissstube
takeaway – *teikəwei*	der Schnellimbiss
pizza – *pi:tßa*	die Pizza
dish – *disch*	das Gericht

chips – *tschips*	die Pommes frites
hamburger – *hämbö:gə*	der Hamburger
soup – *ßu:p*	die Suppe
speciality – *ßpeschiäləti*	die Spezialität
omelette – *omlət*	das Omelett
pancake – *pänkeik*	der Pfannkuchen (LH: p → pf)
sandwich – *ßänwidsch*	das Sandwich
open sandwich – *əupən ßänwidsch*	das belegte Brötchen
roast – *rəußt*	der Braten
sauce – *ßo:ß*	die Soße
broth – *broth*	die Brühe
crème caramel – *krem kärəmel*	der Karamellpudding
snack – *ßnäk*	der Imbiss, der Snack
lasagne – *ləsänjə*	die Lasagne
pasty – *peißti*	die Pastete
side dish – *ßaid disch*	die Beilage
menu – *menju:*	die Speisekarte, nicht Menü!
full – *ful*	voll
to order – *o:də*	ordern, bestellen
set meal – *ßet mi:l*	das Menü, das Gericht
portion – *po:schn*	die Portion
starter – *ßta:tə*	die Vorspeise (startet)
dessert – *di:sö:t*	das Dessert, der Nachtisch

wine list – _wain_ lißt	die Weinkarte
reservation – _resəveischn_	die Reservierung
to reserve – _risö:f_	reservieren
to book – _buk_	reservieren, buchen
included – _inklu:dəd_	inklusive
service – _ßö:viß_	der Service
to serve – _ßö:w_	servieren, bedienen
separate – _ßeprət_	separat, getrennt

Lernhilfen

bill – _bil_	die Rechnung

LH: Hoffen wir mal, dass die Rechnung **bill**ig wird.

tip – _tip_	das Trinkgeld

LH: Ich **tipp**e auf den Tisch mit dem Finger: „Your **tip**!"

empty – _empti_	leer

LH: Stell dir das **Emp**ire State Building (ehemals höchster Wolkenkratzer in Manhatten) ganz leer vor.

to pass – _pa:ß_	herüberreichen

LH: Reiche einen **Pass** zusammen mit einer Butter herüber.

to set the table – *ßet the teibl*	den Tisch decken

LH: *Du kennst die kleinen Deckchen als Unterlage, sie werden auch* **Sets** *genannt.*

to clear the table – *kliə the teibl*	den Tisch abräumen

LH: *to* **clear** *– klären, leeren;* **clear** *– klar*

course – *ko:ß*	der Gang

LH: *Jeder Gang* **kost**et *hier extra.*

breakfast – *brekfəßt*	das Frühstück

LH: *Urspr. Bedeutung: das* **Fasten brech**en *– to break the fast*

lunch – *lantsch*	das Mittagessen

LH: *Du kennst den* **B**r**unch**? *Gut, das ist die Verbindung von* breakfast *und* **lunch**.

dinner – *dinə*	das Dinner, das Abendessen

LH: *eine* **Dinner**party *am Abend*

supper – *ßapə*	das Abendessen

LH: *Denke an eine einfache* **Supp**e *zum Abendbrot.*

Reisen und Verkehr

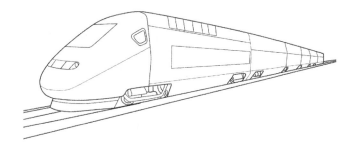

Klangähnliche Vokabeln

trip – *trip*	der Trip, der Ausflug
tourism – *tu<u>ə</u>rism*	der Tourismus
return – *ri<u>tö</u>:n*	die Rückkehr
to return – *ri<u>tö</u>:n*	zurückkehren
to book – *buk*	buchen (LH: k → ch)
to pack – *päk*	packen
passport – *pa:<u>ß</u>po:t*	der (Reise)Pass
to organize – *<u>o</u>:g<u>ə</u>nais*	organisieren
documents – *<u>dok</u>jum<u>ə</u>nts*	die Dokumente
rucksack (BE) – *<u>rak</u>ßäk*	der Rucksack
backpack – *<u>bäk</u>päk*	der Rucksack
adventure – *äd<u>ventsch</u>ə*	das Abenteuer
equipment – *i<u>kwip</u>mənt*	das Equipment, die Ausrüstung
hotel – *h<u>ə</u>u<u>tel</u>*	das Hotel

camping – *kämping*	das Camping
reception – *rißeptschn*	die Rezeption
night – *nait*	die Übernachtung (LH: gh(t) → ch(t))
to spend the night	übernachten
entry – *entri*	die Einreise
to check in – *tschek in*	einchecken
to check out – *tscheck aut*	auschecken
to leave – *li:v*	abreisen, verlassen
sight – *ßait*	die Sehenswürdigkeit (**Sicht**, gh(t) → ch(t))
sightseeing – *ßaitßi:ing*	die Besichtigung
tour – *tuə*	die Tour
picnic – *piknik*	das Picknick
street – *ßtri:t*	die Straße
arcade – *a:keid*	die Arkade, die Passage
park – *pa:k*	der Park
central – *ßentrəl*	zentral
quarter – *kwo:tə*	das Quartier, das Viertel
local – *ləukl*	lokal
urban – *ö:bən*	urban, städtisch
single room – *ßingl ru:m*	das Einzelzimmer
double room – *dabl ru:m*	das Doppelzimmer
season – *ßi:sn*	die Saison

museum – *mju:si:əm*	das Museum
tower – *tauə*	der Turm
bridge – *bridsch*	die Brücke
palace – *päləs*	der Palast
culture – *kaltschə*	die Kultur
temple – *templ*	der Tempel
ticket – *tikit*	das Ticket, die Fahrkarte
passenger – *päßindschə*	der Passagier
underground – *andəgraund*	die U-Bahn
to transport – *tränßpo:t*	transportieren
flight – *flait*	der Flug
to fly – *flai*	fliegen
terminal – *tö:minl*	der Terminal
to land – *länd*	landen
to board – *bo:d*	an Bord gehen
to load – *ləud*	beladen
motorbike – *məutəbaik*	das Motorrad
route – *ru:t*	die Route
to bend – *bend*	biegen, beugen
bend – *bend*	die Kurve
reverse – *rivö:s*	rückwärts
to reverse	rückwärts fahren
seat – *ßi:t*	der Sitzplatz

helmet – _helmit_	der Helm
sign – _ßain_	das Schild
ship – _schip_	das Schiff (LH: p → pf/f)
ferry – _feri_	die Fähre
boat – _bəut_	das Boot
to sink – _ßink_	sinken
harbour – _ha:bə_	der Hafen

Großbritannien

Das Vereinigte Königreich, UK (United Kingdom), Großbritannien ist ein Inselstaat im Westen Europas mit mehr als 66 Millionen Einwohnern. Dazu gehören England, Schottland, Wales und Nordirland. Aus England stammen nebst vielen anderen Größen Shakespeare und die Beatles. London als Hauptstadt ist ein international wichtiges Finanz- und Kulturzentrum. Die berühmtesten Universitäten sind Oxford und Cambridge und das i-Tüpfelchen bilden die Royals mit all ihrem Glanz und Presseberichten.

Die größte Dichte eindrucksvoller Bauwerke erwartet dich in London mit dem Buckingham Palace, Westminster Abbey (dort finden seit dem 11. Jh. die Krönungen statt), der Tower Bridge (viktorianische Baukunst mit Klappbrücke), dem Big Ben (Glockenturm am House of Parliament), das London Eye (modernes Riesenrad) und vor den Toren Londons das Windsor Castle (Sommer- und Wochenendresidenz der königlichen Familie). Eine Bootsfahrt auf der Themse mit Blick auf die Londoner Skyline ist unbedingt zu empfehlen.

Lernhilfen

journey – _dschö:ni_	die Reise

LH: Auf einer Reise lese ich ein **Journ**al (Zeitung).

holiday (BE) – _holədei_	der Urlaub

LH: **holy** – heilig
Holiday bedeutet auch „der Feiertag".

holidays (BE) – _holədeis_	die Ferien

LH: **Holli** fährt in den Ferien immer nach England.

stay – _ßtei_	der Aufenthalt
to stay – _ßtei_	bleiben, wohnen

LH: Ich werde hier eine Weile **sta**tionieren.

to rest – *reßt*	sich erholen

LH: *to **rest** – **r**a**st**en*

to travel – *tr<u>ə</u>vl*	reisen

LH: *"I like to travel around the world."*

to depart – *dip<u>a:</u>t*	abfahren/-fliegen

LH: *Die **Depart**ures am Flughafen steht für Abflüge.*

to cancel – *k<u>ä</u>nsl*	absagen, stornieren

LH: *eine Reservierung „**cancel**n"*

identity card – *aid<u>ent</u>əti k<u>a:</u>d*	der Personalausweis

LH: *eine **Karte** (**card**, LH: d → t), die die **Identität** (**identity**) einer Person beweist*

suitcase – *ßu:tkeiß*	der Koffer

LH: *"A **suit** (Anzug/Kostüm) is in my **suitcase**."*

luggage – *l<u>a</u>gidsch*	das Gepäck

LH: *In meinem Gepäck in einer **Luke** liegt meine **Gage**.*

abroad – *əbroːd*	im Ausland

LH: I cross **a broad** ocean to get **abroad**. – Ich überquere einen breiten Ozean, um ins Ausland zu gelangen.

to experience – *ikßpiəriənß*	erleben

LH: Erfolgserlebnisse beim **experiment**ieren

(in)valid – *välid*	(un)gültig

LH: den Studentenausweis **valid**ieren lassen, damit er wieder gültig ist

to confirm – *kənföːm*	bestätigen

LH: Bei einer **Konfirm**ation wird das kirchliche Erwachsenenalter bestätigt.

travelling bag (BE) – *trävling bäg*	die Reisetasche

LH: Ich **packe** meine Reisetasche.

duty – *djuːti*	der Zoll (auch: die Pflicht)

LH: It's my **duty** to pay the **duty**. – Es ist meine Pflicht den Zoll zu bezahlen.

view – *vjuː*	die Aussicht

LH: „**Puh**, ist das eine schöne Aussicht!"

to visit – _visit_	besichtigen, besuchen

LH: Wenn ich schon in der Gegend bin, werde ich eine Stippvisite bei meiner ehemaligen Schulfreundin machen.

full/half board – _ful/ha:f bo:d_	die Voll-/Halbpension

LH: **full – voll, half – halb** (LH: f → b)
An **Bord** eines Schiffes gibt es Vollpension.

to lead – _li:d_	führen
leader – _li:də_	Führer/in

LH: ein Führer, der **Lieder** singt

memorial – _məmo:riəl_	die Gedenkstätte

LH: **memory** – Erinnerung
→ **Memory** spielen

well – _wel_	der Brunnen

LH: Der Brunnen schlägt **Wellen**.

admission – _ädmischn_	der Eintritt

LH: Wegen meiner **Mission** muss ich in ein anderes Land eintreten.

accommodation – _əkomədeischn_	die Unterkunft

LH: In jeder Unterkunft findet man eine **Kommode**.

| **tent** – *tent* | das Zelt |

LH: Ich **tend**iere dazu dieses **trend**ige Zelt zu kaufen.

| **reduction** – *ri<u>da</u>kschn* | die Ermäßigung |

LH: **Reduktion**

| **city** – *<u>ßi</u>ti* | die Stadt |

LH: New York **City**, Gotham **City**

| **town** – *taun* | die Stadt |

LH: down**town** – Stadtzentrum

| **country** – *<u>kan</u>tri* | das Land |

LH: **Country** Music, **Country**club

| **square** – *ßkweə* | der Platz |

LH: Du kennst bestimmt den berühmten Time**square** in New York City?

| **road** – *rəud* | die Straße |

LH: "This **road** is painted in **red**."

motorway (BE) – _məutəwei_	die Autobahn

LH: _der **Weg** (way) für Motorfahrzeuge_

village – _vilidsch_	das Dorf

LH: _In diesem Dorf steht eine große **Villa**._

suburb – _ßabö:b_	der Vorort

LH: **sub-** _– unter-/vor-,_ **urban** _– städtisch,_ **urban**

rural – _ruərəl_	ländlich

LH: _die **Ruhe** auf dem Land_

place – _pleiß_	der Ort, die Stelle

LH: _auch **Platz**_

map – _mäp_	die Landkarte, der Stadtplan

LH: _Der Stadtplan ist gefaltet wie eine **Mappe**._

avenue – _ävənju:_	die Allee

LH: _ein **Abend**spaziergang über die Fifth **Avenue** in Manhattan_

playground – _pleigraund_	der Spielplatz

LH: **play** _– Spiel;_ **ground** _– Grund, Boden_

surroundings – *ßəraundings*	die Umgebung
to surround – *ßəraund*	umgeben, umringen

LH: **sur-** – *über-*, **round** – *rund*
→ Geografisch gesehen befindet sich die Umgebung einer Stadt „über dem runden Stadtkreis".

public transport – *pablik tränßpo:t*	öffentliche Verkehrsmittel

LH: **Publik**ation – Veröffentlichung, **transport** – Transport

delay – *dilei*	die Verspätung

LH: I was **lay**ing too long in my bed and now I'll be too **late**. – Ich habe zu lange in meinem Bett gelegen und jetzt werde ich zu spät sein.

station – *ßteischn*	der Bahnhof

LH: Bahnhofs**station**

train – *trein*	der Zug

LH: Für den Zug wird eine **Trasse** durch den Wald geschlagen.
trail – Spur, Pfad, Trasse

railway (BE) – *reilwei*	die Eisenbahn
rail – *reil*	die Schiene

LH: **trail** – Spur, Pfad, Trasse

carriage (BE) – *käridsch*	der Waggon

LH: *ähnlich* **car** *– Auto*

platform – *plätfo:m*	der Bahnsteig, das Gleis

LH: **platform** *– Plattform*

connection – *kənekschn*	die Verbindung, der Anschluss
to connect	verbinden

LH: **Conny** *hat eine gute Internetverbindung.*
dt. **Konnektion**

plane – *plein*	das Flugzeug

LH: *Über dem Flugzeug liegt eine* **Plane**.

(air)port – *eəpo:t*	der (Flug)hafen

LH: **Port** *kommt von* **Pforte**, *der Eintritt für Schiffe ins Land.*

gate – *geit*	der Flugsteig

LH: **Gatter** *als Sperre*

timetable – *taimteibl*	der Fahrplan

LH: **time** *– Zeit;* **table** *– Tafel, Tisch*

arrival – ə*raivl*	die Ankunft
to arrive – ə*raif*	ankommen

LH: *Die Vorsilbe* **a-** *steht für „hin".*
*Der Fluss (**river**) kommt irgendwann im Meer an.*

to miss – *miß*	verpassen

LH: *Wir haben uns verpasst und jetzt ver**miss**e ich dich.*

locker – *lokə*	das Schließfach
to lock – *lok*	abschließen, verschließen

LH: *Das Schließfach geht **locker** auf.*

cruise – *kru:s*	die Kreuzfahrt

LH: **kreuz** *und quer durch die Meere „**cruisen**"*

announcement – ə*naunßmənt*	die Durchsage

LH: *Eine Durchsage ist wie eine **Annonce** durch einen Lautsprecher.*

stopover – *ßtopəuvə*	die Zwischenlandung

LH: *ein **Stopp über** (**over**) dem Flug*

car – *ka:*	das Auto

LH: **Karre**

51

traffic – _träfik_	der Verkehr

LH: **Treffen** von vielen Autos

traffic lights – _träfik laits_	die Ampel

LH: wörtl. Verkehrlichter
→ Die **Lich**ter (LH: gh(t) → ch(t)) der Ampel leuchten rot, grün und gelb.

traffic jam – _träfik dschäm_	der Stau

LH: wörtl. Verkehrsmarmelade/ -stau
Im Stau starten ein paar Musiker zusammen eine **Jam** Session.

to drive – _draif_	fahren

LH: mit dem Auto **drif**ten

to turn – _tö:n_	abbiegen

LH: Beim **Turn**en wird oft abgebogen.

to turn around – _tö:n əraund_	wenden

LH: **round** – Runde → Wendung um 360°

bicycle – _baißikl_	das Fahrrad (auch bike)

LH: **bi** – zwei (zwei Räder); **cycle** – Zyklus, Kreis

to cross – *kroß*	überqueren

LH: Ich überquere eine riesige **krosse** Pizza.
crossroad – *Kreuzung*

petrol (BE) – *petrəl*	das Benzin

LH: Stell dir **petrol**farbenes (blaues) Benzin vor.
Früher wurden Lampen mit **Petrol**ium betrieben.

tyre (BE) – *taiə*	der Reifen

LH: "I changed a **tyre** and now I am **tired.**"

wheel – *wiːl*	das Rad

LH: Das Rad **will** nicht stehen bleiben.

brake – *breik*	die Bremse
to brake – *breik*	bremsen

LH: Wenn du nicht bremst, kannst du dir was **brechen** (**break**).

belt – *belt*	der Gurt

LH: Der Hund **bellt**, weil er keinen Gurt anlegen will.

mandatory – *mändətri*	vorgeschrieben

LH: Ein **Mentor** macht seinem Schüler Vorschriften.

| to buckle up – *bakl ap* | sich anschnallen |

LH: *Ein Rucksack mit seinen Schnallen hängt auf dem **Buckel** (Rücken).*

Fun Fact

Der Name Big Ben wird fälschlicherweise für den Turmnamen gehalten. Es ist aber der Name der großen Glocke im Turm, der insgesamt fünf Glocken besitzt. Der Turm heißt Elisabeth-Tower. Die große Glocke wurde am 11. Juli 1859 zum ersten Mal zum Klingen gebracht.

Natur und Umwelt

Klangähnliche Vokabeln

landscape – *ländßkeip*	die Landschaft
hill – *hil*	der Hügel
ocean – *əuschn*	der Ozean
coast – *kəußt*	die Küste
wave – *weif*	die Welle
to flow – *fləu*	fließen
continent – *kontinənt*	der Kontinent
island – *eilənd*	die Insel
climate – *klaimit*	das Klima
weather – *wethə*	das Wetter
rain – *rein*	der Regen
hail – *heil*	der Hagel
wind/y – *wind/i*	der Wind/windig (LH: y → g / j)

storm/y – *ßto:rm/i*	der Sturm/stürmisch
snow – *ßnəu*	der Schnee
fire – *faiə*	das Feuer
ice – *aiß*	das Eis
temperature – *temprətschə*	die Temperatur
heat – *hi:t*	die Hitze
to recycle – *ri:ßaikl*	recyceln
steep – *ßti:p*	steil
volcano – *volkeinəu*	der Vulkan
shade – *scheid*	der Schatten (LH: d → t)
to freeze – *fri:ß*	(ge)frieren
atmosphere – *ätməßfiə*	die Atmosphäre
sun – *ßan*	die Sonne
sunrise – *ßanrais*	der Sonnenaufgang
to rise – *rais*	aufsteigen
sunset – *ßanßet*	der Sonnenuntergang
to set – *ßet*	setzen, untergehen
to shine – *schain*	scheinen, leuchten (LH: sh → sch)
cold – *kəuld*	kalt, die Kälte (LH: d → t)
warm – *wo:m*	warm
world – *wö:ld*	die Welt (LH: d → t)
moon – *mu:n*	der Mond
earth – *ö:th*	die Erde (LH: th → d)

star – *ßta:*	der Stern
universe – *ju:nivö:ß*	das Universum
north – *no:th*	der Norden (LH: th → d)
east – *i:ßt*	der Osten
south – *ßauth*	der Süden
west – *weßt*	der Westen
calf – *ka:f*	das Kalb (LH: f → b)
sheep – *schi:p*	das Schaf (LH: sh → sch)
cat – *kät*	die Katze
plant – *pla:nt*	die Pflanze (LH: p → pf / f)
grass – *gra:ß*	das Gras
mouse – *mauß*	die Maus
cow – *kau*	die Kuh
bear – *beə*	der Bär
fox – *fokß*	der Fuchs
dolphin – *dolfin*	der Delfin
snake – *ßneik*	die Schlange
elephant – *elifənt*	der Elefant
insect – *inßekt*	das Insekt
lion – *laiən*	der Löwe
owl – *əul*	die Eule

Lernhilfen

slope – *ßləup*	der Hang oder die Steigung

LH: *ski* **slope** – *Skipiste*

peak – *pi:k*	der Gipfel

LH: *Der Vogel* **pickt** *auf den Gipfel.*

rock – *rok*	der Felsen

LH: *Auf den* **Rocky** *Mountains sind viele Felsen.*

valley – <u>*väli*</u>	das Tal

LH: *Eine Lawine* **fällt** *vom Berg ins Tal.*

soil/ground – *ßoil/ graund*	der (Erd)boden

LH: *Öl (**oil**) kommt aus dem Erdboden.*

mountain/s – <u>*mauntin/s*</u>	der Berg/das Gebirge

LH: *Rocky* **Mountains**

lake – *leik*	der See

LH: *auf einem Bettlaken am See liegen*

stream – ßtriːm	der Bach

LH: to **stream** – **strömen**

desert – _des_ət	die Wüste

LH: ein **Dessert** in der Wüste genießen

source/spring – ßoːß/ßpring	die Quelle

LH: Res**source**, spring – auch Frühling
Wasser „**springt**" aus einer Quelle.

beach – biːtsch	der Strand

LH: **Beach**volleyball spielt man am Strand.

area – _är_iə	das Gebiet

LH: dt. **Areal**

river – _riv_ə	der Fluss

LH: Das Tal **Riviera** in der Schweiz wird von dem Fluss Ticino
durchflossen.

cave – keif	die Höhle

LH: In der Höhle am Meer legen die Fische ihre Eier (**Caviar**) ab.

| path – *pa:th* | der Weg |

LH: auch **path** – **Pfad** (LH: p → pf / f) (LH: th → d)

| cloud/y – *klaud/i* | die Wolke/bewölkt |

LH: **Claudi**a schwebt auf Wolke sieben.

| fog/gy – *fog/i* | der Nebel/neblig |

LH: Der Frosch (**frog**) fühlt sich im **fog** (Nebel) besonders wohl.

| rain – *rein* | der Regen |

LH: Der **Rhein** füllt sich bei Regen.

| wet – *wet* | nass |

LH: Das **Wet**ter wird heute nass.

| dry – *drai* | trocken |

LH: trockener (**dry**) Wein/Sekt

| environment – *invairənmənt* | die Umwelt |

LH: **Ironmen** rettet die Umwelt.
environment-friendly – umweltfreundlich

drought – *draut*	die Dürre

LH: Während der Dürre **traut** sich keine Pflanze zu wachsen und der Boden **droht** auszutrocknen.

greenhouse effect – *gri:nhauß ifekt*	der Treibhauseffekt

LH: Das Gewächshaus (**greenhouse**) hat einen wärmenden **Effekt**.

earthquake – *ö:thkweik*	das Erdbeben

LH: Bei einem Erdbeben **quaken** die Frösche laut.

flood – *flad*	die Überschwemmung

LH: Nach der Überschwemmung ist das **Flade**nbrot nass.

thunder – *thandə*	der Donner

LH: (th → d), **Zunder** ist leicht brennbares Material und eine Zündschnur kann einen Donnerschlag bewirken.

thunderstorm – *thandəßto:m*	das Gewitter

LH: **Donnersturm**

waste – *weißt*	der Abfall

LH: Du **weißt**, dass der Abfall in den Mülleimer gehört.

destruction – *dißtraktschn*	die Zerstörung
to destroy – *dißtroi*	zerstören

LH: **destructive** - *zerstörerisch,* **destruktiv**

forecast – *fo:ka:ßt*	die Vorhersage

LH: **Vorher** *wird die beste Vorhersage* **gecast**et.

to damage – *dämidsch*	beschädigen

LH: B**lamage** *nach einer Beschädigung*

rainbow – *reinboə*	der Regenbogen

LH: *Der Regenbogen biegt (to* **bow***) sich über den Himmel.*

sky – *ßkai*	der Himmel

LH: *"fly into the* **sky***"*

air – *eə*	die Luft

LH: *breathing* **air** *– Luft atmen,* **air** *conditioning – Klimaanlage*

space – *ßpeiß*	der (Welt)Raum

LH: **space***craft – Raumschiff*

tide – *taid*	die Gezeiten

LH: **tide** – **Tide** *(Ebbe und Flut)*

animal – *ӓniml*	das Tier

LH: **animalisch**

pig – *pig*	das Schwein

LH: *ein Schweinchen namens* **Piggy**

horse – *ho:ß*	das Pferd

LH: *ein Pferd namens* **Horst**

bird – *bö:d*	der Vogel

LH: *Ein* **Birkhuhn** *ist ein fasanartiger Vogel.*

dog – *dog*	der Hund

LH: Bull**dogge**

tree – *tri:*	der Baum

LH: *"This* **tree** *has* **three** *arms."*

flower – *flauə*	die Blume

LH: **flower power, Flora**

forest – _foreßt_	der Wald

LH: Robin Hood lebte im Nottingham **Forest**.

pet – _pet_	das Haustier

LH: Kinder **bett**eln manchmal um ein Haustier.

duck – _dak_	die Ente

LH: Donald **Duck**

rabbit – _räbit_	das Kaninchen

LH: Ein **Rabe** und ein Kaninchen sind beste Freunde.
rabbit hole – Kaninchenbau
Redewendung/Metapher: down the rabbit hole – sich verzetteln/in
eine Sache immer tiefer hineingeraten

butterfly – _batəflai_	der Schmetterling

LH: Der Schmetterling fliegt (**fly**) auf die **Butter**.

shark – _scha:k_	der Hai

LH: ein **stark**er Hai mit **haken**förmigen Zähnen

Bildung

Klangähnliche Vokabeln

school – ßku:l	die Schule
private school – praivət ßku:l	die Privatschule
class – kla:ß	die Klasse
classroom – kla:ßru:m	das Klassenzimmer
homework – həumwö:k	die Hausaufgaben
university – ju:nivö:ßəti	die Universität
student – ßtju:dnt	Student/in
studies – ßtadis	das Studium
to study – ßtadi	studieren, lernen
faculty – fäklti	die Fakultät
doctorate – doktərət	der Doktortitel
thesis – thi:ßiß	die Doktorarbeit, die Thesis
academy – əkädəmi	die Akademie
semester – ßəmeßtə	das Semester

trimester – *trimeßtə*	das Trimester
seminar – *ßemina:*	das Seminar
to learn – *lö:n*	lernen
interest – *intrəßt*	das Interesse
interesting – *intrəßting*	interessant
interested – *intrəßtid*	interessiert
course – *ko:ß*	der Kurs
registration – *redschißtreischn*	die Anmeldung, die Registrierung
lesson – *leßn*	die Lektion
right – *rait*	richtig (LH: gh(t) → ch(t))
correct – *kərekt*	korrekt, richtig
to correct – *kərekt*	korrigieren
test – *teßt*	der Test, die Prüfung
to test – *teßt*	testen
simple – *ßimpl*	einfach, simpel
good – *gud*	gut (LH: d → t)
better – *betə*	besser
best – *beßt*	die/der Beste
brilliant – *briljənt*	brilliant, hervorragend
excellent – *ekßələnt*	exzellent, ausgezeichnet
hard – *ha:d*	hart, schwierig (LH: d → t)
present – *presnt*	anwesend, präsent sein
absent – *äbßənt*	abwesend (LH: d → t)

to memorize – _mem_ərais	sich merken
intelligence – _inte_lidschənß	die Intelligenz
logical – _lo_dschikl	logisch
to realize – _ri_əlais	begreifen, realisieren
concentration – _ko_nßntreischn	die Konzentration
to concentrate – _ko_nßntreit	sich konzentrieren
talent – _tä_lənt	das Talent, die Begabung
alphabet – _ä_lfəbet	das Alphabet
word – wö:d	das Wort (LH: d → t)
grammar – _grä_mə	die Grammatik
verb – vö:b	das Verb
adverb – _ä_dvö:b	das Adverb
adjective – _ä_dschiktiv	das Adjektiv
singular – _ßi_ngjulə	der Singular
plural – _plu_ərəl	der Plural
sentence – _ße_ntənß	der Satz
vocabulary – vəu_kä_bjuləri	das Vokabular, der Wortschatz
accent – _ä_kßnt	der Akzent
comma – _ko_mə	das Komma
dictation – dik_tei_schn	das Diktat
feminine – _fe_mənin	feminin, weiblich
masculine – _mä_ßkjulin	männlich
physics – _fi_siks	die Physik

67

mathematics – _mäthəmätiks_	die Mathematik
chemistry – _kemißtri_	die Chemie
biology – _baiolədschi_	die Biologie
geography – _dschiogrəfi_	die Geografie, die Erdkunde
German studies – _dschö:mən ßtadis_	die Germanistik
English – _inglisch_	die Anglistik (LH: sh → sch)
Latin – _lätin_	das Latein
Spanisch – _ßpänisch_	die Hispanistik (LH: sh → sch)
architecture – _a:kitektschə_	die Architektur
literary studies – _litərəri ßtadis_	die Literaturwissenschaft
medicine – _medßn_	die Medizin
theology – _thi:olədschi_	die Theologie
psychology – _ßaikolədschi_	die Psychologie
philosophy – _filoßəfi_	die Philosophie
political science – _pəlitikl ßaiənß_	die Politikwissenschaft
social science – _ßəuschl ßaiənß_	die Sozialwissenschaft
encyclopedia – _inßaikləpi:diə_	die Enzyklopädie, das Lexikon

Lernhilfen

college – _kolidsch_	die Hochschule

LH: _Alle meine **Kollegen** waren auf dem **College**._

education – _edjukeischn_	die Ausbildung
to educate – _edjukeit_	ausbilden

LH: _Mit einer guten Ausbildung kann ich viele „**Dukaten**" (eine Goldmünze, die in ganz Europa verbreitet war) verdienen._

to teach – _ti:tsch_	unterrichten, lehren
teacher – _ti:tschə_	Lehrer/in

LH: **teach** → **beach** – _Strand_
→ _Viel lieber wäre ich jetzt am Strand._

subject – _ßabdschekt_	das (Unterrichts)fach

LH: _"My favourite (Lieblings-) **subject** is biology."_
→ _In diesem Satz ist „**subject**" das **Subjekt**._

pupil – _pju:pl_	Schüler/in

LH: _Ein Schüler bringt zum ersten Schultag seine **Puppen** mit in die Schule._

lecture – _lektschə_	die Vorlesung

LH: _Als Grundlage für die Vorlesung werden **Lektüren** benutzt._

| break – *breik* | die Pause |

LH: *to* **break** – **brech**en (LH: k → ch)
→ *Während der Pause wird der Unterricht unterbrochen.*

| chalk – *tscho:k* | die Kreide |

LH: *Als mich die Kreide am Kopf traf, bekam ich einen kurzen* **Schock**.

| blackboard – <u>*bläkbo:rd*</u> | die Tafel |

LH: *wörtl. schwarzes Brett*

| nursery (school) – <u>*nö:ßəri*</u> | der Kindergarten |

LH: *to* **nurse** – *pflegen, großziehen;* **nurse** – *Krankenpfleger/schwester*

| infant school – <u>*infənt*</u> *ßku:l* | die Vorschule |

LH: **infant** – *Kleinkind*

| primary school – <u>*praiməri*</u> *ßku:l* | die Grundschule |

LH: **primäre** *(anfängliche, grundlegende) Schule*

| secondary school – <u>*ßekəndəri*</u> *ßku:l* | die Realschule |

LH: **sekundäre** *(zweite, zusätzliche) Schule*

| grammar school – _grämə ßku:l_ | das Gymnasium |

LH: **grammar** – Grammatik, Sprachlehre
Auf dem Gymnasium wird viel **Grammatik** gelehrt.

| A-levels – _eilevls_ | das Abitur |

LH: **A** ist die beste Note und ein Abitur auf **Level A** ist das Ziel der Schüler.

| degree – _digri:_ | der Abschluss, der Grad |

LH: auch **der** akademische **Grad**

| certificate – _ßətifikət_ | das Zeugnis |

LH: **Zertifikat**

| state school – _ßteit ßku:l_ | die öffentliche Schule |

LH: **state** – Zustand, **Staat**
→ In jedem **Staat**/Land gibt es öffentliche Schulen.

| scholarship – _ßkoləschip_ | das Stipendium |

LH: Ich feiere mein Stipendium, indem ich **Scho**kolade auf einem **Schiff (ship)** esse.

| PhD – _pi:eidschdi:_ | der Doktor |

LH: Abkürzung für **Philosophiae Doctor**

topic – _topik_	das Thema

LH: _ein Thema des Geografie-Unterrichts:_ **tropisches** _Klima_

trainee – _tre<u>i</u>ni:_	der/die Auszubildende

LH: _Auszubildende werden_ **trainiert.**

knowledge – _<u>no</u>lidsch_	das Wissen
to know – _nəu_	wissen

LH: **neues** _Wissen aneignen_

example – _igsa:mpl_	das Beispiel

LH: _In meinem_ **Examen** _gab es viele Beispielaufgaben._

to understand – _andəß<u>ständ</u>_	verstehen

LH: **Andere** _ver_**stehen** (**stand** – _stehen_) _Mathematik besser als ich._

practice – _pr<u>ä</u>ktiß_	die Übung, die Anwendung, die Praktik, die Praxis
to practise	üben, trainieren, etw. regelmäßig tun

LH: _etw._ **praktizieren**

exercise – *ekßəßais*	die Übung, die Schulaufgabe
to exercise	üben, Sport treiben

LH: *Bei einer Notfallübung ist es wichtig die* **Exit**-*Schilder zu finden.*

to repeat – *ripi:t*	wiederholen

LH: *Die Vorsilbe* **re-** *bedeutet im Lateinischen „zurück".*
Ein **Pitcher** *(Werfer) im Baseball muss sehr oft seinen Wurf wiederholen.*

solution – *ßəlu:schn*	die Lösung
to solve – *ßolf*	lösen

LH: *Die Aufgabe* **soll** *gelöst werden und die Lösung* **sollte** *richtig sein.*

mistake – *mißteik*	der Fehler

LH: *„* **Mist***, ich habe einen Fehler gemacht."*

wrong – *rong*	falsch

LH: **wrong** → **song**
→ *Wie kann man diesen Song nur so falsch singen?*

page – *peidsch*	die Seite

LH: *Diese kleine Schrift auf den Seiten ist eine* **Plage***.*

mark – *ma:k*	die Note

LH: Ich **markiere** meine guten Noten im Zeugnis.

attention – *ətenschn*	die Aufmersamkeit

LH: Meine **Intention** (Absicht) ist es, mehr Aufmerksamkeit zu bekommen.

to improve – *impru:f*	sich verbessern
improvement – *impru:fmənt*	die Verbesserung

LH: "I have to **prove** (beweisen) that I **improved** my sport skills."

to fail – *feil*	durchfallen, versagen

LH: Ich **feile** an meiner Lerntechnik, um nicht wieder durchzufallen.

easy – *i:si*	einfach, leicht

LH: **easy-peasy** – kinderleicht

difficult – *difiklt*	schwierig

LH: **Differenzen** und verschiedene **kulturelle** Interessen machen es schwierig sich untereinander zu verstehen.

reason – *ri:sn*	der Grund, die Vernunft

LH: Der Grund warum es Schnee **rieselt**, sind Wolken und Kälte.

mind – *maind*	der Verstand

LH: **Mein** Kopf, **mein** Verstand!

to think – *thingk*	(nach)denken (LH: th → d)

LH: „I **think**, you **think** too much."

skill – *ßkil*	der Skill, die Fähigkeit, die Kenntnis

LH: die Fähigkeit, gut **Ski** zu fahren oder die Fähigkeiten eines
...

description – *dißkripschn*	die Beschreibung
to describe – *dißkraib*	beschreiben

LH: **Deskription**, Manu**skript**

consideration – *kənßidəreischn*	die Betrachtung, die Überlegung
to consider – *kənßidə*	etwas erwägen, berücksichtigen, bedenken, betrachten

LH: **con-** – mit (lat.), **side** – Seite
→ Ein Problem muss mitsamt allen seinen Seiten betrachtet

Weltsprache Englisch

Englisch ist seit Ende des Zweiten Weltkriegs die international bedeutendste Weltsprache und wird von allen Weltsprachen auch am meisten in Wissenschaft, Kultur und Wirtschaft eingesetzt. In den USA leben mit 250 Millionen die meisten Englisch-Muttersprachler weltweit. Danach folgt Großbritannien mit 61 Millionen Muttersprachlern. Mit weniger als 18 Millionen in sinkender Reihenfolge folgen Kanada, Australien, Irland, Südafrika und Neuseeland. Mit insgesamt mehr als 700 Millionen Muttersprachlern und Sprechern gibt es in fast jedem Land Menschen, die Englisch verstehen und sprechen können.

Bevor Englisch zur meistgesprochenen Weltsprache wurde, war Französisch in Europa die internationale Sprache. Der Aufstieg der englischen Sprache zur wichtigsten Weltsprache begann im 19. Jahrhundert, in welchem das Britische Imperium bis zu einem Drittel der Weltbevölkerung umfasste. Nach 1945 war die Vormachtstellung der USA der Hauptgrund für die weitere Verbreitung des Englischen als Weltsprache.

Kultur

Klangähnliche Vokabeln

literature – _litrətschə_	die Literatur
literary – _litrəri_	literarisch
book – _buk_	das Buch
history – _hißtori_	die Geschichte, die Historie
detective story – _ditektiv ßto:ri_	der Kriminalroman
title – _taitl_	der Titel
fiction – _fikschn_	die Fiktion
non-fiction book	das Sachbuch
text – _tekßt_	der Text
short story – _scho:t ßto:ri_	die Kurzgeschichte
biography – _baiogrəfi_	die Biografie
poet – _pəuit_	Dichter/in, Poet/in
poem – _pəuim_	das Gedicht
comic – _komik_	der Comic

chapter – *tschäptə*	das Kapitel
work – *wö:k*	das Werk, die Arbeit
gallery – *gäləri*	die Gallerie
to show – *schəu*	zeigen (eine Bühnenshow zeigt Kunst)
modern – *modn*	modern
studio – *ßtu:diəu*	das Studio, das Atelier
sculpture – *ßkalptschə*	die Skulptur
artistic – *a:tißtik*	artistisch, künstlerisch
to create – *kri:eit*	kreieren, schaffen
detail – *di:teil*	das Detail
original – *əridschnəl*	original, ursprünglich
poster – *pəußtə*	das Poster
style – *ßtail*	der Stil
music – *mju:sik*	die Musik
song – *ßong*	das Lied, der Song
to sing – *ßing*	singen
to play – *plei*	spielen
instrument – *inßtrəmənt*	das Instrument
loud – *laud*	laut
high – *hai*	hoch (LH: gh → ch)
deep – *di:p*	tief (LH: d → t)
theatre – *thiətə*	das Theater
play – *plei*	das Stück, das Theaterstück

concert – _konßət_	das Konzert
opera – _oprə_	die Oper
classical – _kläßikl_	klassisch
orchestra – _o:kißtrə_	das Orchester
piano – _piänəu_	das Piano, das Klavier
violin – _vaiəlin_	die Violine, die Geige
flute – _flu:t_	die Flöte
guitar – _gita:_	die Gitarre
bass – _beiß_	der Bass
drum – _dram_	die Trommel (LH: d → t)
drums – _drams_	das Schlagzeug
rhythm – _rithəm_	der Rhythmus
note – _nəut_	die Note
to read music	Noten lesen
stereo – _ßteriəu_	die Stereoanlage
sound – _ßaund_	der Sound, der Klang
to sound	klingen
loudspeaker – _laudßpikə_	Lautsprecher
musical – _mju:sikl_	das Musical
musically – _mju:sikli_	musikalisch
to be musical	musikalisch sein
melody – _melədi_	die Melodie
folk music – _fəuk_ mju:sik	die Volksmusik

pop music – _pop mju:sik_	die Popmusik
comedy – _komədi_	die Komödie
tragedy – _trädschədi_	die Tragödie
ballet – _bälei_	Ballett
dance – _da:nß_	der Tanz
scene – _ßi:n_	die Szene
dialogue – _daiəlog_	der Dialog
drama – _dra:mə_	das Drama
act – _äkt_	der Akt
actor – _äktə_	der Schauspieler
actress – _äktrəß_	die Schauspielerin
costume – _koßtju:m_	das Kostüm
popular – _popjulə_	populär
film – _film_	der Film
role – _rəul_	die Rolle
cinema – _ßinəmə_	das Kino
volume – _volju:m_	das Volumen, der Band, der Inhalt
performance – _pəfo:mənß_	die Performance, die Vorstellung
applause – _əplo:s_	der Applaus, der Beifall
to applaud – _əplo:d_	applaudieren, klatschen
story – _ßto:ri_	die Handlung, die Geschichte
ticket – _tikit_	das Ticket, die Eintrittskarte

Lernhilfen

ancient – *einschənt*	antik

LH: **Agent** 007 vom Jahr 1953 im Roman Casino Royale ist heute schon fast antik.

novel – *novl*	der Roman

LH: **Novelle**

fairy tale – <u>*feə*</u>*ri teil*	das Märchen

LH: **Feen** im **Tal**

plot – *plot*	die Handlung

LH: Kom**plott**

library – <u>*laib*</u>*rəri*	die Bücherei, die Bibliothek

LH: franz. livre – Buch, franz. libre – frei, span. el libro – Buch, engl. liberty – Freiheit
→ Vielleicht sollen Bücher uns frei machen.

publisher – <u>*pa*</u>*blischə*	Verleger/in

LH: **publizieren**

to read – *ri:d*	lesen, vorlesen

LH: Beim Vorlesen **rede** ich.

voice – *voiß*	die Stimme

LH: TV-Format „**Voice** of Germany"

to listen – *lißn*	zuhören

LH: einer langen **Liste** von Regeln zuhören müssen

to write – *rait*	schreiben
writer – *raitə*	Schriftsteller/in

LH: Schreibe einen Artikel über den **Reit**sport.

written – *ritn*	schriftlich

LH: **to write, wrote, written** – schreiben, schrieb, geschrieben

diary – *dəiəri*	das Tagebuch, der Kalender

LH: **day** – Tag

oral – *orəl*	mündlich

LH: die **ora**le Aufnahme einer Medizin oder die Zahnpasta namens **Oral**-B

art – *a:t*	die Kunst, die Gestaltung

LH: Es gibt viele verschiedene **Art**en von Kunst.

exhibition – *ekßibischn*	die Ausstellung

LH: *Ein **Exhibition**ist stellt sich nackt zur Schau, er „stellt sich aus".*

painting – *peinting*	das Gemälde, das Bild
to paint – *peint*	malen, anmalen

LH: *Nehme den **pen** – Stift zum Malen des Gemäldes.*

to draw – *dro:*	zeichnen

LH: ***Dro**he eine Karikatur von jemandem zu zeichnen.*

low – *ləu*	tief, niedrig, leise

LH: *klangähnlich **leise***

quiet – *kwəiət*	ruhig

LH: *Dein Nachbarskind **quiet**scht schon den ganzen Tag.*
„Jetzt sei doch endlich mal ruhig."

stage – *ßteidsch*	die Bühne

LH: *Die Bühne befindet sich eine **Etage** über den Zuschauern.*

audience – *o:diənß*	das Publikum, die Zuschauer

LH: *Der Papst gibt den Zuschauern eine **Audienz**.*

to stage – ßteidsch	inszenieren

LH: *Szenen auf der* **stage**

screen – ßkri:n	die Leinwand, der Bildschirm

LH: *Screenshot am Handy*

Konjugation

Die Konjugation englischer Verben ist sehr einfach. Es gibt nur eine Regel, die die dritte Person Singular betrifft:

„He/she/it, das s muss mit."

Eine Ausnahme hiervon bildet das Verb **sein** – **to be**:

ich bin	*ai äm*	**I am**
du bist	*ju ar*	**you are**
er/sie/es ist	*hi/schi/it iß*	**he/she/it is**
wir sind	*wi ar*	**we are**
ihr seid	*ju ar*	**you are**
sie sind	*thei ar*	**they are**

Wohnen

Klangähnliche Vokabeln

building – _bilding_	der Bau, das Gebäude
to build – _bild_	bauen
home – _həum_	das Heim, das Haus, nach Hause
at home – _ät həum_	zu Hause
house – _hauß_	das Haus
block – _blok_	der Wohnblock
room – _ru:m_	der Raum, das Zimmer
entrance – _entrənß_	der Eingang
door – _do:_	die Tür (LH: d → t)
to open – _əupen_	öffnen (LH: p → pf / f)
exit – _ekßit_	Exit, der Ausgang
lift – _lift_	der Lift, der Aufzug
to enter – _entə_	eintreten
garden – _ga:dn_	der Garten (LH: d → t)

garage – _gära:sch_ (AE: _gära:sch_)	die Garage
balcony – _bälkəni_	der Balkon
terrace – _terəs_	die Terrasse
cellar – _ßelə_	der Keller
corridor – _korido:_	der Korridor, der Flur
kitchen – _kitschən_	die Küche (LH: i → ü / ö)
bathroom – _ba:thru:m_	das Badezimmer (LH: th → d)
toilet – _toilət_	die Toilette
household – _haußhəuld_	der Haushalt (LH: d → t)
glass – _gla:s_	das Glas
washing machine – _wosching məschi:n_	die Waschmaschine (LH: sh → sch)
to wash – _wosch_	waschen (LH: sh → sch)
dirty – _dö:ti_	dreckig, schmutzig (LH: i → e)
coffee machine/maker – _kofi məschi:n/meikə_	die Kaffeemaschine (LH: sh → sch)
microwave – _maikrəweiv_	die Mikrowelle
heating – _hi:ting_	die Heizung (LH: t → z)
to heat – _hi:t_	heizen (LH: t → z)
toaster – _təußtə_	der Toaster
pan – _pän_	die Pfanne (LH: p → pf / f)
tray – _trei_	das Tablett
vase – _va:s_	die Vase
sack – _ßäk_	der Sack

table – *teibl*	der Tisch
bed – *bed*	das Bett (LH: d → t)
mattress – *mätrəs*	die Matratze
sofa – *ßəufə*	das Sofa
couch – *kautsch*	die Couch
comfortable – *kamftəbl*	comfortabel, bequem, gemütlich
light – *lait*	das Licht (LH: gh(t) → ch(t))
lamp – *lämp*	die Lampe
to sit – *ßit*	sitzen, sich setzen
bath – *ba:th*	die Badewanne (LH: th → d)
hairdryer – *heədraiə*	der Haartrockner, der Föhn
comfort – *kamfət*	der Komfort

Lernhilfen

flat – *flät*	die Wohnung, das Apartment

LH: *In meine Wohnung ist eine Fledermaus geflattert.*

skyscraper – *ßkaißkreipə*	der Wolkenkratzer

LH: *wörtl. Himmelskratzer*
sky – *Himmel, to* **scrape** – *kratzen*

high-rise building – *hai-rais building*	das Hochhaus

LH: **high-rise** – *hoher Anstieg,* **building** – *Gebäude*

terraced house – *terəst hauß*	das Reihenhaus

LH: *Reihenhäuser haben häufig eine* **Terrasse**.

floor – *flo:*	die Etage, das Stockwerk

LH: *Jedes Stockwerk hat einen eigenen Boden (*floor*).*

roof – *ru:f*	das Dach

LH: *Auf dem Dach kann man gut* **rufen**, *ohne gehört zu werden.*

front – *frant*	die Fassade

LH: *die vorderste* **Front**

| **gate** – *geit* | das Tor, das Gatter |

LH: An den **Gates** am Flughafen muss man durch mehrere Tore.

| **to shut** – *schat* | schließen |

LH: to **shut** up – den Mund halten (schließen)

| **to close** – *kləuß* | schließen |

LH: to **close** the door

| **ceiling** – *ßi:ling* | die Decke |

LH: Verziere deine Zimmerdecke mit **Silber**-Ornamenten.

| **stairs** – *ßteəs* | die Treppe |

LH: **stairs** – **St**ufen

| **floor** – *flo:* | der Fußboden |

LH: dance **floor** – Tanzfläche

| **wall** – *wo:l* | die Wand, die Mauer |

LH: **Wall**

| **window** – *windəu* | das Fenster |

LH: **Windows** 10 besteht aus vielen virtuellen Fenstern.

to settle down – _ßetl daun_	sich niederlassen

LH: _to_ **settle** _– besiedeln,_ **Siedler**

to live – _lif_	leben, wohnen

LH: _Man lebt (_**live**_) dort wo man wohnt._

to hire – _haiə_	mieten

LH: _Man sollte sich nicht mit Miet_**hai**_en anlegen._

rent – _rent_	die Miete

LH: _In der heutigen Zeit sind die_ **Ren**_ten niedrig und die Mieten hoch._

landlady, landlord – _ländleidi, ländlo:d_	Vermieter/in

LH: _Die_ **Lady** _und der_ **Lord** _haben ein Stück_ **Land** _zu vermieten._

bills – _bils_	die Nebenkosten
bill – _bil_	die Rechnung

LH: _Die Nebenkosten sind nicht_ **bil**_lig._

property – _propəti_	das Eigentum

LH: _Mein Eigentum halte ich sauber mit Meister_ **Proper**_._

to move – *muːf*	umziehen, sich bewegen
move – *muːf*	der Umzug, die Bewegung

LH: Auszug aus einer **muffigen** Wohnung

owner – *əunə*	Besitzer/in
to own – *əun*	etw. besitzen

LH: Besitzer eines Stadthauses – **town** house

living room – *living ruːm*	das Wohnzimmer

LH: to **live** – wohnen, **room** – **Raum**

dining room – *daining ruːm*	das Esszimmer

LH: to **dine** – **dinieren**, speisen

hall – *hoːl*	der Flur

LH: Ein Flur ist eine kleine **Halle**.
hall of fame

fireplace – *feiəpleiß*	der Kamin

LH: wörtl. **Feuerplatz**

shower – *schauə*	die Dusche

LH: Ein Regen**schauer** ist wie eine Dusche.

to tidy up – *taidi ap*	aufräumen
tidiness – *taidinəs*	die Ordnung
tidy – *taidi*	ordentlich

LH: **Heidi** räumt bei ihrem Großvater auf.

furniture – *fö:nitschə*	die Möbel
to furnish – *fö:nisch*	möbilieren, einrichten

LH: Möbel haben oft **Furniere**, eine ganz dünne Holzschicht über einer Spanplatte.

chair – *tscheə*	der Stuhl

LH: Setze die Sängerin **Cher** auf deinen Lieblingsstuhl.

blanket – *blängkit*	die (Bett)decke

LH: Ohne Bezug ist die Bettdecke **blank**.

to cover – *kavə*	zudecken

LH: Das **Cover** von einer Zeitschrift bedeckt die Seiten.

pillow – *piləu*	das Kissen

LH: **pill** – **Pille**, kugelförmig
→ Mache eine Kugel aus deinem Kopfkissen oder stecke kleine Styroporkugeln in das Kissen.

sheet – *schi:t*	das Bettlaken

LH: „So ein **Shit**, schon wieder habe ich Kaffee auf das Bettlaken verschüttet."

wardrobe – *wo:drəub*	der Kleiderschrank

LH: Die **Robe wart**et im Kleiderschrank.

hanger – *hängə*	der Kleiderbügel

LH: Der Kleiderbügel dient als Auf**hänger**.

cupboard – *kabəd*	der Schrank

LH: Ich stelle meinen **Cup** (Tasse) auf dem Schrank ab.

shelf – *schelf*	das Regal

LH: "I built this **shelf** by my**self**."

curtain – *kö:tn*	der Vorhang

LH: Ich habe den Vorhang zu **kur**z gekauft.

carpet – *ka:pit*	der Teppich

LH: red **carpet** – roter Teppich

| bell – *bel* | die Klingel |

LH: Bei dem Geräusch der Klingel **bellt** immer der Hund.

| key – *ki:* | der Schüssel |

LH: Die Schatz-Kiste hat einen goldenen Schlüssel.

| fridge – *fridsch* | der Kühlschrank |

LH: Ein Kühlschrank hält die Lebensmittel **frisch**.

| towel – *tauəl* | das Handtuch |

LH: Das Handtuch trocknet den **Tau**.

| mirror – *mirə* | der Spiegel |

LH: Ich schaue **mir** ins Gesicht.

| alarm clock – *əla:m klok* | der Wecker |

LH: eine Uhr (**clock**) mit **Alarm**

| candle – *kändl* | die Kerze |

LH: **Candle**light Diner – Abendessen bei Kerzenlicht

| dish – *disch* | die Schüssel |

LH: Die Schüssel gehört auf den **Tisch**.

dishes – _dischis_	das Geschirr

LH: Das Geschirr (**dishes** pl. von **dish** – Schüssel) gehört ebenfalls auf den **Tisch**.

cup – _kap_	die Tasse

LH: a **cup** of coffee/tea

plate – _pleit_	der Teller

LH: Ein Teller ist **platt**.

tray – _trei_	das Tablett

LH: ein Tablett **tragen**

napkin – _näpkin_	die Serviette

LH: **Knapp** unter dem **Kinn** kommt die Serviette.

cutlery – _katləri_	das Besteck

LH: Mit Besteck kann man etwas schneiden (**to cut**).
Der **Butler** ist auch für das Besteck zuständig.

spoon – _ßpu:n_	der Löffel

LH: Ich schnitze mir aus einem Holz**span** einen Löffel.

knife – *naif*	das Messer, die Klinge

LH: *Man sollte ein Messer nicht **naiv** benutzen.*

fork – *fo:k*	die Gabel

LH: ***Forke** ist ein Begriff für die Mistgabel, mit der ich **forsch** in den Mist hineinsteche.*

laundry – <u>*lo:*</u>*ndri*	die Wäsche

LH: *lange (**long**) Leine für die Wäsche*

washing powder – <u>*wo*</u>*sching* *pau*<u>*də*</u>	das Waschmittel

LH: *auch wörtl. **Waschpulver/-puder***

washing-up liquid – <u>*wo*</u>*sching-ap* <u>*li*</u>*kwid*	das Spülmittel

LH: *flüssiges (**liquid**) Spülmittel für den Ab**wasch***

iron – <u>*ai*</u>*ən*	das Bügeleisen
to iron – <u>*ai*</u>*ən*	bügeln

LH: ***iron** – Eisen (Bestandteil eines Bügeleisens)*

stain – *ßtein*	der Fleck

LH: *Meine Hose hat weiße Flecken, weil ich auf Kiesel**stein**en saß.*

vacuum (cleaner) – _väkjuəm kli:nə_ | das Vakuum, der Staubsauger

LH: Der Staubsauger saugt Luft weg bis ein **Vakuum** entsteht.

dust – _daßt_ | der Staub

LH: Der viele Staub hier macht es **dunstig**.

to sweep – _ßwi:p_ | fegen, kehren

LH: Kennst du den **Swepp**er zum Reinigen?
ähnlich **schruppen** oder **schwappen**

broom – _bru:m_ | der Besen

LH: Der Besen von Harry Potter **brummt** wie ein Motor.

pot – _pot_ | der (Koch)topf

LH: **Pott**

lid – _lid_ | der Deckel

LH: Das Augen**lid** ist wie ein Deckel für das Auge.

cloth – _kloth_ | der Lappen

LH: Aus alten **clothes** – Klamotten werden oft Lappen hergestellt.

mess – meß	die Unordnung

LH: *Messie*

instructions – *inßtrakschns*	die Gebrauchsanweisung

LH: *Instruktionen*

scale – *ßkeil*	die Skala, die Waage

LH: *Auf einer Waage ist eine* **Skala**.

socket – *ßokit*	die Steckdose

LH: *Über der Steckdose hängt eine* **Socke** *als Kinderschutz.*

Verneinung

ich möchte nicht

ai wudnt (wud not) laik tu

I wouldn't (would not) like to

Die Verneinung wird mit dem Wort **not** gebildet, welches anders als im Deutschen immer mit einem Hilfsverb gebildet wird:

do not/don't

does not/doesn't

have not/haven't

has not/hasn't

can not/can't

could not/couldn't

would not/wouldn't

Körper und Gesundheit

Klangähnliche Vokabeln

leg – *leg*	das Bein
knee – *ni:*	das Knie
foot – *fut* (pl. feet)	der Fuß
nose – *nəus*	die Nase
ear – *iə*	das Ohr
mouth – *mauth*	der Mund (LH: th → d)
tooth – *tu:th* (pl. teeth)	der Zahn (LH: t → z)
tongue – *tang*	die Zunge (LH: t → z)
neck – *nek*	der Nacken, der Hals, das Genick
lip – *lip*	die Lippe
breast – *breßt*	die Brust, der Busen
shoulder – *schəuldə*	die Schulter
blood – *blad*	das Blut
arm – *a:m*	der Arm
hand – *händ*	die Hand
fist – *fißt*	die Faust
finger – *fingə*	der Finger
index finger – *indeks fingə*	der Zeigefinger
middle finger – *midl fingə*	der Mittelfinger
ring finger – *ring fingə*	der Ringfinger

little finger – *litl fingə*	der kleine Finger
thumb – *tham*	der Daumen (LH: th → d)
heart – *ha:t*	das Herz
chin – *tschin*	das Kinn
elbow – *elbəu*	der Ellbogen
lungs – *langs*	die Lunge
muscle – *maßl*	der Muskel
nerve – *nö:v*	der Nerv
sense – *ßenß*	der Sinn
to touch – *tatsch*	tasten, berühren
hair – *heə*	das Haar
to wash – *wosch*	sich waschen
shampoo – *schämpu:*	das Shampoo
creme – *kri:m*	die Creme
comb – *kəum*	der Kamm
to comb – *kəum*	sich kämmen
hairbrush – *heərbrasch*	die Haarbürste
to brush – *brasch*	bürsten
toothbrush – *tu:thbrasch*	die Zahnbürste
toothpaste – *tu:thpeißt*	die Zahnpasta
razor – *reisə*	der Rasierer
to have a shower – *schauə*	duschen
to have a bath – *ba:th*	baden

perfume – *pö:fju:m*	das Parfum
tiolet paper (BE) – *toilət peipə*	das Toilettenpapier
make-up – *meik-ap*	das Make-up, die Schminke
to put on make-up	sich schminken
sun cream – *ßan kri:m*	die Sonnencreme
medicine – *medßn*	die Medizin
medication – *medikeischn*	das Medikament
medical – *medikl*	medizinisch
pill – *pil*	die Pille, die Tablette
mental – *mentl*	mental, geistig, seelisch
mentally – *mentəli*	psychisch
to go mental	verrückt werden
physical – *fißikl*	physikalisch, körperlich
strength – *ßtrength*	die Stärke, die Kraft
strong – *ßtrong*	stark
weak – *wi:k*	weich, schwach, matt (LH: k → ch)
pain – *pein*	die Pein, der Schmerz
to bleed – *bli:d*	bluten
cold – *kəuld*	kalt, die Kälte, die Erkältung, der Schnupfen
to have a cold	erkältet sein
temperature – *temprətschə*	die Temperatur, das Fieber
sweat – *ßwet*	der Schweiß
to sweat – *ßwet*	schwitzen

wound – *wu:nd*	die Wunde
plaster – *pla:ßtə*	das Pflaster
bandage – *bändidsch*	die Bandage, der Verband, die Binde
to break – *breik*	brechen, zerbrechen, reißen
break – *breik*	die Pause, die Unterbrechung, der Bruch
shock – *schok*	der Schock
drunk – *drangk*	betrunken
to cure – *kjuə*	kurieren, heilen
infection – *infekschn*	die Infektion
infectious – *infekschəß*	infektiös, ansteckend
contaminated – *kəntəmineitid*	kontaminiert
virus – *vairəß*	der Virus
bacteria – *bäktiəriə*	die Bakterie
blind – *blaind*	blind
to swell – *ßwel*	schwellen, anschwellen
heart attack – *ha:t ətäk*	die Herzattacke
diarrhoea – *daiəri:ə*	die Diarrhoe, der Durchfall
AIDS – *eids*	Aids
diabetes – *daiəbi:ti:s*	der Diabetes
allergy – *älədschi*	die Allergie
caries – *keəri:s*	die Karies
stress – *ßtreß*	der Stress

alcoholic – *älkǝholik*	Alkoholiker/in
drug – *drag*	die Droge
sunburn – *ßanbö:n*	der Sonnenbrand
hospital – *hoßpitl*	das Hospital, das Krankenhaus
clinic – *klinik*	die Klinik
patient – *peischnt*	Patient/in
operation – *opǝreischn*	die Operation
to operate – *opǝreit*	operieren
to prevent – *privent*	vorbeugen
prevention – *privenschǝn*	die Prävention, die Vorbeugung
check-up – *tschek-ap*	der Check-up, die Vorsorgeuntersuchung
shot – *schot*	die Spritze, der Schuss
injection – *indschekschn*	die Injektion
hygienic – *haidschi:nik*	hygienisch
massage – *mäßa:sch*	die Massage
waiting room – *weiting ru:m*	das Wartezimmer
help – *help*	die Hilfe
to help – *help*	helfen
to call for help – *ko:l fǝ help*	um Hilfe rufen
collision – *kǝlischn*	die Kollision, der Zusammenstoß
to collide – *kǝlaid*	kollidieren, zusammenstoßen
crash – *kräsch*	der Crash
to crash – *kräsch*	zusammenstoßen

103

police – pəli:ß	die Polizei
ambulance – ämbjələnß	die Ambulanz, der Rettungswagen
alarm – əla:m	der Alarm

Lernhilfen

| body – bodi | der Körper |

LH: mit **Body**lotion den Körper eincremen

| skin – ßkin | die Haut |

LH: Stell dir **Ski**-Springer in einem hautengen Anzug vor.

| to smell – ßmel | riechen |

LH: Ohne Deo riecht man **schnell** nach Schweiß.

| hearing – hiəring | das Gehör |

LH: to **hear** – hören

| belly – beli | der Bauch |

LH: Der leere Bauch von **Bella** macht **bell**ende Geräusche.

| head – hed | der Kopf, das Haupt, Leiter/in |

LH: **head**hunter – Kopfjäger, Abwerber
headquarters – Hauptquartier, Zentrale

forehead – _fo:hed_	die Stirn

LH: **Vor** dem **head** – Kopf liegt die Stirn.

brain – _brein_	das Gehirn

LH: **brain**storming – Sturm im Gehirn, moderne Art des Ideensammelns

eye – _ai_	das Auge

LH: Das geschriebene „eye" erinnert optisch an zwei Augen mit Nase. Das gesprochene **ai** kannst du dir mit zwei Eiern auf deinen Augen merken.

back – _bäk_	der Rücken

LH: **back** – zurück, hinten; **back**packer – Rucksacktourist

bottom – _botəm_	das Gesäß, unten

LH: klangähnlich **Po**

bone – _bəun_	der Knochen

LH: eine Kaffee**bohne**, die knochenhart ist

stomach – _ßtamək_	der Magen

LH: Im sogenannten Körper**stamm** liegt der **Magen**.

toe – *təu*	der Zeh

LH: *Trete dem **Teufel** auf den großen **Zeh**.*

shower gel – *schauə dschel*	das Duschgel

LH: *Der Wasser**schauer** geht beim Duschen auf mich nieder.*

soap – *səup*	die Seife

LH: *Die **Seife**noper, auch **Soap** genannt, ist schmierig wie **Seife**.*

to shave – *scheif*	sich rasieren

LH: *nach dem Rasieren mit After-**Shave** einreiben*

handkerchief – *hängkətschif*	das Taschentuch

LH: *Mit einem **Handkehr**er säubere ich ein **Schiff** voller schmutziger Taschentücher.*

tissue – *ti:schu:*	das Taschentuch

LH: *Auf dem **Tisch** direkt neben meinem **Schuh**schrank liegen die Taschentücher.*

nappy (BE) – *näpi*	die Windel

LH: *Mein Baby macht in seiner Windel einen „**nap**" (dt. Nickerchen).*

nail polish – _neil_ polisch	der Nagellack

LH: **Nagelpolitur**

examination – _igsämineischn_	die Untersuchung
to examine – _igsämin_	untersuchen

LH: Während des **Examens** wird mein Wissen untersucht.

ill – _il_	krank

LH: **Till** Eulenspiegel ist krank, alternativ Phil oder Ilse...

to tremble – _trembl_	zittern

LH: **Tremor** bedeutet Zittern, von lat. tremere.
Eine **Trommel** zittert nach.

treatment – _triːtmənt_	die Behandlung
to treat – _triːt_	behandeln

LH: ugs. **triezen**
→ Während einer Behandlung kann die Spritze schon mal **triezen** (wehtun).

health – _helth_	die Gesundheit
healthy – _helthi_	gesund
to heal – _hiːl_	heilen

LH: Die **Held**en sind immer gesund.

| to recover – *rik<u>a</u>və* | genesen, gesund werden |

LH: *to* **cover** – *absichern*
→ *Das* **Cover** *eines Buches sichert dessen Inhalt.*
→ *Du bist nach deiner Genesung wieder sicher im Leben zurück.*

| to hurt – *hö:t* | schmerzen, verletzen |
| to hurt oneself | sich verletzen |

LH: *Ich bin zu* **hurt***ig die Treppe runtergelaufen und habe mich verletzt. Ihr habt mein Rufen ge***hört***.*

| to suffer – *<u>ß</u>afə* | leiden, büßen |

LH: *nach einem* **Suff** *leiden/büßen*

| cough – *kof* | der Husten |
| to cough – *kof* | husten |

LH: *Ich habe einen schweren* **Koff***er über den zugigen Bahnsteig geschleppt, nun habe ich Husten.*

to smoke – *ßməuk*	rauchen
smoker – *ßm<u>ə</u>ukə*	Raucher/in
non-smoker – *non-ßm<u>ə</u>ukə*	Nichtraucher/in

LH: *Stell dir rauchende* **Smok***ing-Träger vor einem Festsaal vor.*

sick – ßik	übel, krank, angewidert
sickness – ßiknəß	die Übelkeit
to feel homesick – fi:l həumsik	Heimweh haben

LH: Das Wohlbefinden **sickert** fort.

headache – hedeik	die Kopfschmerzen

LH: **head** – Kopf und „**ach**, wie weh es tut"

disable – dißeibl	behindert

LH: to be **able** – fähig sein, zu etwas imstande sein

breath – breth	der Atem
to breathe – bri:th	atmen

LH: Wie eine leichte **Brise** im Wind soll dein Atem sein.

to faint – feint	in Ohnmacht fallen
faint – feint	schwach, kraftlos

LH: Ich habe eine **Fehde** mit meinem **Feind** und falle vor Schreck in Ohnmacht.

deaf – def	taub

LH: **Definitiv** ist Opa **Detlef** nicht taub!

ointment – _ointmənt_	die Salbe

LH: **point** – Punkt → Salbe wird punktgenau aufgetragen.

inflammation – _infləmeischn_	die Entzündung

LH: **Flamme**

to shake – _scheik_	zittern, schütteln, abschütteln
shake – _scheik_	das Rütteln, der Sprung

LH: Der Milch**shake** wird geschüttelt.

flu – _flu:_	die Grippe

LH: Influenza

cancer – _känßə_	der Krebs

LH: **Kanzer**ose – Krebsleiden

surgery – _Bö:dscheri_	die Arztpraxis, die Operation, die Sprechstunde

LH: In der Praxis wirst du um**sorg**t.

health insurance – _helth inschuərənß_	die Krankenversicherung

LH: **Hel**den sind immer gesund und in **insurance** steckt **sure** – sicher drin.

medical certificate – _medikl_ _Ҫətifikət_	das Attest

LH: wörtl. **medizinisches Zertifikat**

danger – _deindschə_	die Gefahr
dangerous – _deindschərəҪ_	gefährlich

LH: **Danke**, ich habe die Gefahr überstanden.

blaze – _bleis_	der Brand, das Feuer
to blaze – _bleis_	brennen, glühen, leuchten
to blaze up – _bleis ap_	auflodern

LH: **Blaze** bedeutet auch „die **Blesse**", eine Markierung auf dem Gesicht eines Tieres. Des Weiteren gibt es das **Brandmal** auf dem Fell eines Rindes.

to burn – _bö:n_	brennen, sich verbrennen

LH: **Burgen** neigen dazu, verbrannt zu werden.

accident – _äkҪidənt_	der Unfall

LH: Eine **Echse** kracht mir auf mein **Autodach**.

safe – _Ҫeif_	sicher

LH: Ein **Safe** sichert meine Schätze.

to rescue – _reßkju:_	retten
rescue service – _ßö:viß_	der Rettungsdienst

LH: _Sind dir die_ **Rescue**_-Tropfen ein Begriff? Sie retten in Not!_

to survive – _ßəvaif_	überleben

LH: _Nehme einmal an einem_ **Survival**_-Training teil._

fire brigade (BE) – _faiə brigeid_	die Feuerwehr

LH: _Lautähnlich der_ **Feuer Brigade** _oder die Feuerwehr löscht ein_ **Feuer** _auf einer_ **bridge** _– Brücke._

Sad Fact

Im Jahr 1348 überfielen die Schotten England. Sie wählten den Zeitpunkt, and dem die englische Bevölkerung von einem Pestausbruch geschwächt war und sie sich bessere Chancen erhofften. Wie nicht anders zu erwarten war, steckten sie sich an, mussten zurückkehren und brachten die Pesterreger in ihre Heimat. Dort brach ebenfalls die Pestepidemie aus und es verstarben mindestens ein Viertel der Bevölkerung.

Charakter und Typ

Klangähnliche Vokabeln

charakter – _kärəktə_	der Charakter
personality – _pö:ßənäləti_	die Persönlichkeit
friendly – _frendli_	freundlich
unfriendly – _anfrendli_	unfreundlich
serious – _ßiəriəß_	seriös, ernsthaft
good – _gud_	gut
clever – _klevə_	klug, schlau
stupid – _ßtju:pid_	stupide, dumm
stupidity – _ßtju:pidəti_	die Dummheit
courage – _karidsch_	die Courage, der Mut
reason – _ri:sn_	die Räson, die Vernunft
reasonable – _ri:snəbl_	vernünftig
open – _əupən_	offen
generous – _dschenrəß_	generös, großzügig

passion – _päschn_	die Passion, die Leidenschaft
passionate – _päschnət_	leidenschaftlich
shy – _schai_	schüchtern
curious – _kjuəriəß_	kurios, neugierig
curiosity – _kjuərioßəti_	die Neugierde
ambitious – _ämbischeß_	ambitioniert, ehrgeizig
modest – _modəßt_	moderat, bescheiden
nervous – _nö:vəß_	nervös
sensitive – _ßenßətiv_	sensibel, empfindlich
figure – _figə_	die Figur
hair – _heə_	das Haar
hair-cut – _heəkat_	der Haarschnitt
I do your hair.	Ich frisiere dein Haar.
attractive – _əträktiv_	attraktiv
strong – _ßtrong_	stark, kräftig
fat – _fät_	fett, dick
thin – _thin_	dünn
small – _ßmo:l_	schmal, klein, gering, schwach
brown – _braun_	braun
dark – _da:k_	dunkel
dark-haired – _da:kheəd_	dunkelhaarig
grey-haired – _greiheəd_	grauhaarig
red-haired – _redheəd_	rothaarig

beard – _biəd_	der Bart
weight – _weit_	das Gewicht

Lernhilfen

bad – _bä:d_	schlecht

LH: **bad** boy

sensible – _ßenßibl_	vernünftig

LH: Achtung falscher Freund! Übertriebene **Sensibi**lität ist oft nicht vernünftig.

careful – _keəfl_	vorsichtig
careless – _keələs_	unvorsichtig
carefully – _keəfəli_	aufmerksam

LH: to **care** – kümmern

→ Kennst du die **Care**-Pakete der Hilfsorganisationen?

patient – _peischnt_	geduldig
impatient – _impeischnt_	ungeduldig
patience – _peischns_	die Geduld

LH: Ein **Patient** sollte viel Geduld aufbringen.

kind – *kaind*	nett

LH: Jemand mit einem **kind**lichen Wesen wirkt nett.

polite – *pəlait*	höflich
impolite – *impəlait*	unhöflich

LH: Gegenüber **Poli**zisten und **Poli**tikern sollte man tunlichst höflich sein.

pleasant – *plesnt*	sympathisch
unpleasant – *anplesnt*	unhöflich

LH: **please** – bitte, **plea**sure – Vergnügen
→ „Bitte" sagen ist sympathisch.

lazy – *leisi*	faul

LH: Leise schleicht sich die **La**dy davon, weil sie zu faul zum Rasenmähen ist.

cheerful – *tschiəfl*	lustig, fröhlich, heiter

LH: **Cheer**leader

calm – *ka:m*	ruhig

LH: Bleibe ruhig und verbessere dein **Karm**a.

fretful – *fretful*	unruhig

LH: *das unruhige* **Frett***chen*

entertainment – *entəteinment*	die Unterhaltung
entertaining – *entəteining*	unterhaltsam

LH: **Entertainer** – *Unterhalter*

brave – *breif*	mutig, tapfer

LH: *Hier haben wir einen sogenannten „falschen Freund". Vom Ursprung her war der Ritter* **brav***, wenn er mutig gekämpft hat. Das dt. „brav" wird eher mit „good", „nice" oder „honest" übersetzt.*

cowardly – *kauədli*	feige

LH: *Ich laufe feige vor jeder Kuh –* **cow** *davon.*

sincerely – *ßinßiəli*	aufrichtig, ergebenst, herzlich

LH: **Sincerely** *ist ein Abschiedsgruß unter Briefen.*
sense *–* **Sinn**, *Gefühl*

sense of humour – *ßenß əf hju:mə*	der Humor

LH: *Nicht jeder hat einen* **Sinn** *für* **Humor***.*

pride – *praid*	der Stolz

LH: ähnlich *to* **praise** – preisen
→ *Er* **preist** *mich an und ich werde stolz.*

to be proud – *praud*	stolz sein

LH: *Die* **Braut** *ist heute stolz.*

naughty – <u>no:</u>ti	frech, unartig, ungezogen

LH: *Mein freches Kind bringt mich in* **Not**.

mood – *mu:d*	die Laune, die Stimmung, der Modus

LH: *In welchem* **Mod**us *befindest du dich gerade?*

stingy – <u>ßtind</u>schi	geizig, kleinlich, knauserig

LH: *„Ich bin* **stinkig**, *so geizig wie du bist!"*

mad – *mäd*	wütend, böse, sauer

LH: **Mäd**chen *(und auch Jungs) sind manchmal ganz schön wütend.*

ridiculous – ri<u>dik</u>jələß	lächerlich

LH: **Rede coole Laus** – *so ein lächerlicher Satz!*

beautiful – *bju:təfl*	schön
beauty – *bju:ti*	die Schönheit

LH: „**Boah**, ist **Beate** heute wieder schön."

ugly – *agli*	hässlich

LH: „**ahhh**-glitschig, dieser hässliche Frosch"

face – *feiß*	das Gesicht

LH: **face**-lifting, face to face – von Angesicht zu Angesicht

pretty – *priti*	hübsch

LH: **Britt**, die hübsche **Pretty** Woman

to look – *luk*	schauen, blicken, hinsehen
look – *luk*	das Aussehen
good-looking	gutaussehend

LH: die **Luke** zum Herausschauen

tall – *to:l*	groß (bezogen auf die Körpergröße)

LH: „**Toll**, wie du im letzten Jahr gewachsen bist!"

short – scho:t	klein, kurz, knapp
shortly – scho:tli	in Kürze

LH: **Shorts** – kurze Hosen

big – big	stark, groß, schwer, wichtig

LH: **Big** Ben ist die schwerste der 5 Glocken im Turm im Palace of Westminster in London.

slim – ßlim	schlank

LH: **Slim** Fit bei Hemden oder Anzügen

like – laik	so wie, ähnlich wie
to be alike	sich ähnlich sein
to look like	ähneln
to like sb/sth	jmd./etw. mögen

LH: „Ich **like** dein Foto, ich mag dich so wie du bist!"

fair – feə	blond, glatt, hell, fair

LH: blonde Models beim Fotoshooting auf einer **Fähre**

expression – ikßpreschn	der Gesichtsausdruck
to express – ikßpreß	ausdrücken

LH: dt. **Expression**, **expression**istisch

fair – *feə*	die Messe, der Jahrmarkt
fairy tale – *<u>fe</u>əri teil*	das Märchen
fairy – *<u>fe</u>əri*	die Fee, die Elfe

LH: *märchenhafte* **Feen** *auf einem Jahrmarkt*

bald – *boːld*	kahl
bald head – *boːld <u>hed</u>*	die Glatze
to go bald – *gəu <u>boːld</u>*	die Haare verlieren

LH: *„***Bald** *wird dir* **kalt***, weil du kahl bist."*

neat – *niːt*	gepflegt

LH: *eine sehr gepflegte Frisur mit eingeflochtenen* **Nieten**

untidy – *an<u>tai</u>di*	ungepflegt
tidy – *<u>tai</u>di*	ordentlich, sauber

LH: **Tidy** *heißt auch „Abfallkorb", „Behälter".*
→ **Heidi** *leert den* **tidy** *und pflegt damit die Wohnung.*

121

Fun Fact

Der Garden of Cosmic Speculation in Schottland in Dumfriesshire misst 12 Hektar und wurde von Landschaftsarchitekt und Theoretiker Charles Jencks auf seinem Landgut errichtet. Der Garten ist der Mathematik und der Physik gewidmet und enthält in Gestalt von Kunstwerken Brüche, mathematische Formeln und schwarze Löcher. Er öffnet nur einen Tag pro Jahr für 5 Stunden und gibt maximal 1500 Tickets aus. Der Erlös geht an Meggie's Centres für Krebskranke.

Kleidung

Klangähnliche Vokabeln

clothes – *kləuths*	die Kleidung
men's clothing – *mens kləuthing*	die Herrenkleidung
women's clothing	die Damenkleidung
elegant – *eligənt*	elegant
jacket – *dschäkit*	das Jackett, die Jacke, das Sakko
rain jacket – *rein dschäkit*	die Regenjacke
jeans – *dschi:ns*	die Jeans
T-shirt – *ti:schö:t*	das T-Shirt
pullover – *puləuvə*	der Pullover
shorts – *scho:ts*	die Shorts, die kurze Hose
blouse – *blaus*	die Bluse
shirt – *schö:t*	das Hemd, das Shirt
sock – *ßok*	die Socke, der Strumpf
shoe – *schu:*	der Schuh

bikini – *biki:ni*	der Bikini
wide – *waid*	weit
loose – *lu:ß*	lose, locker, weit
long – *long*	lang
sandal – *ßändl*	die Sandale
button – *batn*	der Button, der Knopf, die Taste
hole – *həul*	die Höhle, das Loch, die Grube
naked – *neikid*	nackt
glasses – *gla:ßis*	die Brille
glas – *gla:ß*	das Glas
sunglasses – *ßangla:ßis*	die Sonnenbrille
earring – *iəring*	der Ohrring
stick – *ßtik*	der Stock
jewel – *dschu:əl*	das Juwel
jewellery – *dschu:əlri*	der Schmuck
contact lens – *kontäkt lenß*	die Kontaktlinsen
pyjamas – *pədscha:məs*	der Pyjama, der Schlafanzug
hat – *hät*	der Hut
cap – *käp*	die Kappe, die Mütze
ring – *ring*	der Ring

Lernhilfen

dress – *dreß*	das Kleid
to dress – *dreß*	sich anziehen

LH: so ein ständiger **Stress** mit dem **dress** aussuchen

fashion – *<u>fä</u>schn*	die Mode
fashionable – *<u>fä</u>schnəbl*	modisch
old fashioned – *əuld<u>fä</u>schnd*	altmodisch

LH: Mode ist **fesch**, auch dt. **Fashion**

to wear – *weə*	tragen von Kleidung

LH: **Wir** tragen ge**we**bte Kleider.

to change – *<u>tscheindsch</u>*	wechseln, sich umziehen

LH: In den Wechselstuben für Währungen mit den Schildern „**Change**" wird Geld gewechselt. Ebenso wird das Wort für das Wechseln von Kleidung benutzt und vielem anderen mehr.

to suit – *ßu:t*	passen, angenehm sein, stehen
suit – *ßu:t*	der Anzug
swimsuit – *<u>ßwim</u>ßu:t*	der Badeanzug

LH: „Der Anzug steht dir aber gut."
suitcase - Koffer

swimming trunks – *ßwiming trangkß*	die Badehose

LH: *ein lebhafter Um**trunk** an der Strandbar in Badehose*

to fit – *fit*	passen, anpassen

LH: *Nach dem vielen **Fit**ness-Training passt meine Kleidung wieder.*

coat – *kəut*	der Mantel

LH: **Kutte**

trousers (BE) – *trausəs*	die Hose

LH: *klangähnlich **roses***
Stecke jemanden gedanklich in eine rosafarbene Hose mit Rosenmuster. Der traut sich was!

sweater – *ßwetə*	der Pullover

LH: *Verschenke einen Pullover mit **Schwede**nmuster aus **sweden** – Schweden.*

skirt – *ßkö:t*	der Rock

LH: *Zum **shirt** gehört ein **skirt**. Der Schottenrock heißt übrigens **kilt**.*

briefs – *bri:fß*	der Slip, die Unterhose

LH: *Stecke dir gedanklich **Brief**e in deinen Slip.*

| size – ßais | die Größe, die Kleidergröße |

LH: Im Sommer habe ich zu viel **Eis** gegessen. Ich esse momentan nur **Reis** – rice, um wieder in meine alte Kleidergröße zu passen.

| tight – tait | dicht, eng, fest |

LH: gh(t) → ch(t)

| bra – bra: | der BH |

LH: „Sehr **brav**, dieser BH!"

| vest – veßt | das Unterhemd |

LH: Im AE ist es die **Weste**!

| trainer – treinə (BE) | der Turnschuh |

LH: In Turnschuhen wird **trainiert**.

| boot – bu:t | der Stiefel |

LH: dt. auch **Boots** für Stiefel
Stiefel sind manchmal groß wie **Boote**.

| collar – kolə | der Kragen |

LH: Im Kragen ist mein Versteck für meine **Kohle** (**Dollar**s) auf Reisen.

sleeve – ßli:f	der Ärmel

LH: Beim ordentlichen Bügeln gebe ich meinem Hemdärmel den letzten **Schliff** mit der Bügelfalte.

zip – sip (BE)	der Reißverschluss

LH: to **zip** – etwas **zippen**

pattern – pätn	das Muster

LH: **Patch**work ist eine Zusammenstellung von vielen verschiedenen Mustern.

plain – plein	einfarbig

LH: In **plein** steckt das „**ein**" von einfarbig drin. Ich plane mich nur noch **einfarbig ein**zukleiden, macht die Auswahl **einfach**er.

striped – ßtraipt	gestreift

LH: Beim **Stripp**en werden nacheinander die Kleidungsschichten abgestreift.

checked – tschekt	kariert

LH: **Check** heißt auch „**Schach**", ein kariertes Schachbrett

purse – pö:ß	das Portemonnaie, die Geldbörse

LH: klangähnlich **Börse**

spotted – _ßpotid_	gefleckt, gesprenkelt
dotted – _dotid_	gepunktet

LH: _Mit meiner rosa gepunkteten Krawatte habe ich sehr viel **Spott** geerntet._
to spot sth./so. – _etw./jmdn. entdecken_
dot – _der Punkt (.com_ – _gesprochen: dotkom)_

wallet – _wolət_	der Geldbeutel

LH: **wall** – _Wand_
Der Geldbeutel hat Wände zwischen den einzelnen Fächern.

glove – _glaf_	der Handschuh

LH: _ähnlich **love** – Liebe_
→ _Ich liebe diese **glam**ourösen Handschuhe._

umbrella – _ambrelə_	der Regenschirm

LH: _,,Ich **umarme Bella** unter einem **umbrella**.''_

watch – _wotsch_	die Uhr, die Armbanduhr, die Wache

LH: _to **watch** – zuschauen_
Die **Wache** checkt die Uhrzeit für die Ablöse.

necklace – _nekləß_	die Halskette

LH: **neck** – _Nacken;_ **lace** – _Litze, Schnur_

bracelet – _breißlit_	das Armband

LH: klangähnlich **Preis**

→ Kaufe ein hochpreisiges Armband.

bag – _bäg_	die Tasche, der Beutel

LH: Die **Bag**gerschaufel ist auch eine Art Beutel.

scarf – _ßka:f_ (pl. **scarves**)	der Schal, das Halstuch

LH: Dein Schal sieht **scharf** aus.

belt – _belt_	der Gürtel

LH: Kennst du die Meerengen um Dänemark? Zum Beispiel den Großen und Kleinen **Belt**. Das sind Meeresstraßen, ähnlich einem Gürtel um eine Insel.

Verb haben (to have)

ich habe	_ai häf_	I have
du hast	_ju häf_	you have
er/sie/es hat	_hi/schi/it häß_	he/she/it has
wir haben	_wi: häf_	we have
ihr habt	_ju häf_	you have
sie haben	_thei häf_	they have

Familie

Klangähnliche Vokabeln

family – *fämli*	die Familie
familiar – *fəmiliə*	familiär
mother – *mathə*	die Mutter
father – *fa:thə*	der Vater
mum (BE) – *mam*	die Mama
dad – *däd*	der Papa
son – *ßan*	der Sohn
daughter – *do:tə*	die Tochter
brother – *brathə*	der Bruder
sister – *ßißtə*	die Schwester
uncle – *angkl*	der Onkel
cousin – *kasn*	der Cousin, die Cousine
brothers and sisters, siblings	die Geschwister
nephew – *nefju:*	der Neffe

niece – *ni:ß*	die Nichte
grandchild – *grändtschaild*	das Enkelkind
grandchildren – *grändtschildrən*	die Enkelkinder
grandson – *gränsan*	der Enkel
granddaughter – *grändo:tə*	die Enkeltochter
to hate – *heit*	hassen
hatred – *heitrid*	der Hass
kiss – *kiß*	der Kuss
to kiss – *kiß*	küssen
bride – *braid*	die Braut
twin – *twin*	der Zwilling
to adopt – *ədopt*	adoptieren
adopted child – *ədoptid tschaild*	das Adoptivkind
love – *laf*	die Liebe
to love – *laf*	lieben
to fall in love	sich verlieben
to be in love	verliebt sein
wife – *waif*	das Weib, die Ehefrau
faith – *feith*	das Vertrauen, der Glaube
faithful – *feithfl*	treu, vertrauensvoll
unfaithful – *anfeithfl*	untreu
sex – *ßeks*	der Sex
to have sex	Sex haben, miteinander schlafen

homosexual – *həuməßekschuəl*	homosexuell
lesbian – *lesbiən*	lesbisch
boyfriend – *boifrend*	der feste Freund
girlfriend – *gö:lfrend*	die feste Freundin
partner – *pa:tnə*	Partner/in, Lebensgefährte/in
man – *män*	der Mann
person – *pö:ßn*	die Person
boy – *boi*	der Junge, der Bub
name – *neim*	der Name
first name – *fö:ßt neim*	der Vorname (1. Name)
last name – *la:ßt neim*	der Nachname (letzter Name)
single – *ßingl*	single, ledig
singles – *ßingls*	die Singles, die Alleinstehenden
separate – *ßepərəit*	separat
separated – *ßepərəitid*	getrennt
address – *ədreß*	die Adresse
street – *ßtri:t*	die Straße
house number – *hauß nambə*	die Hausnummer
residence – *residənß*	die Residenz, der Wohnsitz
to come from – *kam frəm*	herkommen
Where do you come from?	Wo kommst du her?
I am from Germany.	Ich komme aus Deutschland.
telephone number – *telifəun nambə*	die Telefonnummer

nationality – *näschǝnälǝti*	die Nationalität
age – *eidsch*	die Ära, das Alter
of/over age	volljährig
under age	minderjährig

Lernhilfen

parents – *peǝrǝntß*	die Eltern

LH: Die Eltern sind ein **Paar.**

parent – *peǝrǝnt*	das Elternteil
single parent	der/die Alleinerziehende
grandparents – *gränpeǝrǝntß*	die Großeltern
grandfather – *grändfa:thǝ*	der Großvater
grandpa – *gränpa:*	der Opa
grandmother – *gränmathǝ*	die Großmutter
grandma – *gränma:*	die Oma

aunt – *a:nt*	die Tante

LH: Die Tante **ahnt** etwas.

siblings – *ßiblings*	die Geschwister

LH: **Sippe**

134

| **offspring** – _ofß_pring | der Nachwuchs |

LH: **spring** – Sprung, Quelle, Frühling

| **parents-in-law** – _peə_rəntß-in-lo: | die Schwiegereltern |

LH: wörtl. Eltern im Gesetz – **law**
→ Ohne Gesetze wären wir verloren.

father-in-law	der Schwiegervater
mother-in-law	die Schwiegermutter
brother-in-law	der Schwager
sister-in-law	die Schwägerin
son-in-law	der Schwiegersohn
daughter-in-law	die Schwiegertochter

| **relative** – _rel_ətif | der/die Verwandte |
| **related** – ril_ei_tid | verwandt |

LH: Zu diesen Menschen stehe ich in einer besonderen **Relation** (auch engl. **relation** – Verhältnis).

| **to bring up** – bring _ap_ | aufziehen, großziehen |

LH: Wir **bring**en die Kinder bis zum Schulabschluss.

| **large family** – la:dsch _fäm_li | die Großfamilie |

LH: **large** – groß, **family** – **Familie**

ancestor – _änßeßtə_	Vorfahre/in

LH: ein **Ahne** namens **Chester**

to hug – _hag_	umarmen

LH: Kennst du den Halbriesen Rubeus Hagrid aus den Harry Potter Büchern? Lasse dich von ihm einmal kräftig umarmen.

wedding – _weding_	die Hochzeit

LH: Das **Wetter** ist sehr wichtig bei einer Hochzeit.

marriage – _märidsch_	die Ehe
to get married	heiraten
to marry – _märi:_	heiraten
married – _märid_	verheiratet
marital status – _märitl ßteitəß_	der Familienstatus

LH: **Mari** ist ein sehr häufiger Frauenname.

husband – _hasbənd_	der Ehemann

LH: Die Metal-**Band** meines Ehemanns spielt **Hass**lieder.

spouse – _ßpauß_	der Gatte, die Gattin

LH: Darf ich Ihnen in der Theater-**Pause** meine Gattin näher vorstellen?

| couple – *kapl* | das Ehepaar, das Paar |

LH: Die Zwei sind nun ver**kuppelt**.

| honeymoon – *hanimu:n* | die Flitterwochen |

LH: Die wörtliche Übersetzung lautet „**Honigmond**".

| engagement – *əngeidschmənt* | die Verlobung |
| to be engaged | verlobt sein |

LH: Zur Verlobung **engagiert** der Mann sich mit einem teuren Diamantring. Der kostet ihn drei Monats**gagen**.

| separation – *ßepəreischn* | die Trennung |
| to separate – *ßepəreit* | sich trennen |

LH: **Separat** bedeutet „getrennt". Das **Séparée** in der Bar ist ein abgetrennter Bereich.

| jealous – *dscheləß* | eifersüchtig |

LH: **Jalousien** als Schutz gegen die Eifersucht deines Partners?

| tender – *tendə* | zärtlich |

LH: Kennst du das Liebeslied „Love me **tender**" von Elvis Presley?

gender – *dschəndə*	das Geschlecht

LH: Die **Gene** bestimmen das Geschlecht.

affection – *əfekschn*	die Zuneigung
to affect – *əfekt*	beeinflussen

LH: Im Deutschen heißt es „im **Affekt** handeln", also
gefühlsgesteuert handeln. Zeige jemandem im **Affekt** deine heftige
.

relationship – *rileischnschip*	die Beziehung

LH: in einer Beziehung in **Relation** zueinander stehen

woman – *wumən*	die Frau

LH: Merke dir das **w** von **wife** – Ehefrau (**Weib**).
man – Mann

child – *tschaild* (pl. **children**)	das Kind

LH: **child** → **Schild** → Schutz → Ein Kind benötigt Schutz.

girl – *gö:l*	das Mädchen

LH: ugs. **Göre**

to call – *ko:l*	rufen, nennen
call – *ko:l*	der Ruf, der Anruf, die Ernennung

LH: *Callcenter*

divorce – *div<u>o:</u>ß*	die Scheidung
divorced – *divo:ßt*	geschieden

LH: **force** – Kraft, Stärke, Gewalt; to **force** – zwingen, zwängen, treiben
→ Die Stärke einer Ehe wird mit Gewalt auseinanderdividiert, etwas wird mit Kraft **forciert**, vorangetrieben.

widowed – *widəud*	verwitwet
widow – *widəu*	die Witwe
widower – *widəuə*	der Witwer

LH: **Wie** lange **dauert** dieser Zustand noch an?

Soziale Beziehungen und das Leben

Klangähnliche Vokabeln

friend – *frend*	Freund/in
friends – *frends*	der Freundeskreis
friendship – *frendschip*	die Freundschaft
to be friends with	befreundet sein mit
personal – *pö:ßnəl*	persönlich
people – *pi:pl*	die Personen, die Leute, die Menschen, das Volk
date – *deit*	das Date, die Verabredung
to participate – *pa:tißipeit*	partizipieren, teilnehmen
guest – *geßt*	der Gast
contact – *kontäkt*	der Kontakt
connection – *kənekschn*	die Konnektion, die Verbindung
to connect – *kənekt*	verbinden

club – *klab*	der Klub, der Verein
member – *membə*	das Mitglied
to socialize – *ßəuschəlais*	sich sozialisieren, unter Leute kommen
to shake hands – *scheik händs*	Hände schütteln
man – *män* (pl. **men**)	der Mensch
human – *hju:mən*	human, menschlich, der Mensch
life – *laif*	das Leben
alive – *əlaif*	lebendig, lebend
to live – *lif*	leben
birth – *bö:th*	die Geburt
to be born – *bi bo:n*	geboren werden
young – *jang*	jung
old – *əuld*	alt
youth – *ju:th*	die Jugend
death – *deth*	der Tod
dead – *ded*	tot
deadly – *dedli*	tödlich
to die – *dai*	sterben
dead body – *ded bodi*	die Leiche, der tote Körper
grave – *greif*	das Grab
generation – *dschenəreischn*	die Generation
puberty – *pju:bəti*	die Pubertät
condolence – *kəndəulənß*	die Kondolenz, das Beileid

Lernhilfen

in common – *in kamən*	gemeinsam
communal – *komjənəl*	kommunal, Gemeinschafts…

LH: *In einer* **Kommune** *leben die Menschen gemeinsam.*

neighbour – *neibə*	Nachbar/in

LH: *gh(t) → ch(t)*

guy – *gai*	der Kerl, der Typ

LH: *„Der Kerl da drüben guckt mich an wie ein* **Geier**.“

gay – *gei*	homosexuell, der/die Homosexuelle, der Schwule

LH: *Nicht zu verwechseln mit* **guy** *– Typ!*

meeting – *mi:ting*	das Meeting, das Treffen, die Versammlung

LH: *to* **meet** *– treffen, kennenlernen*

to invite – *invait*	einladen

LH: *Lade* **in** *deinen* **weiten** *Garten ein und bewirte mit* **Wein***.*

to pop in – *pop<u>in</u>*	vorbeikommen

LH: Kennst du die Werbung im Internet, die plötzlich auf**poppt**?

to join – *dschoin*	sich an etwas anschließen, beitreten

LH: Schließe dich bei einer **Scheun**enparty an.

attitude – *<u>ä</u>titju:d*	die Attitüde, die Einstellung

LH: Das Wort wird sowohl für technische Begriffe als auch psychologisch verwendet.

adult – *<u>ä</u>dalt*	der Erwachsene, erwachsen, reif

LH: Merke dir, dass ein Erwachsener mehr Ge**duld** haben sollte als ein Kind.

to accompany – *ə<u>kamp</u>əni*	begleiten
companion – *kə<u>mpänj</u>ən*	der Kompagnon, der Gefährte, die Gefährtin

LH: Firma Müller & Co. bedeutet, dass der Firmengründer Müller von **Kompagnons** begleitet wird.

to grow – *grəu*	wachsen
to grow up – *grəu ap*	aufwachsen

LH: Eine Bohnenpflanze wächst so lange, bis sie vertrocknet und die Blätter ganz **grau** werden.

funeral – _fju:nrəl_	die Beerdigung

LH: Ein **General** wünscht sich „**fun**" bei seiner Beerdigung.

coffin – _kofin_	der Sarg

LH: Ein Sarg ähnelt einem **Koffer**.

to bury – _beri_	beerdigen, bestatten

LH: Der Ritter **Berry** wurde vor seiner **Burg** beerdigt.

to cremate – _krəmeit_	einäschern

LH: In einem **Krema**torium wird eingeäschert.
crematory – Krematorium

grief – _gri:f_	das Leid

LH: Ein **Grie**sgram leidet.

pregnant – _pregnənt_	prägnant, schwanger
pregnancy – _pregnənsi_	die Schwangerschaft

LH: **Prägnant** bedeutet augenfällig, signifikant, in großem Umfang.

senior citizen – _ßi:niə ßitisn_	der Senior/in

LH: **citizen** – Bürger → wohnt in der **City**
senior – Ältere, Dienstälterer

to inherit – _inherit_ | erben

LH: **In Harry** Potters Verlies liegen viele geerbte Goldmünzen.

Freizeit

Klangähnliche Vokabeln

New Year's Day – *nju: jiəs dei*	der Neujahrstag
year – *jiə*	das Jahr (LH: y → g / j)
day – *dei*	der Tag (LH: y → g / j)
carnival – *ka:nivl*	der Karneval, der Fasching (LH: i → e)
Easter – *i:ßtə*	Ostern
birthday – *bö:thdei*	der Geburtstag (LH: y → g/j)
to congratulate – *kəngrätschuleit*	gratulieren, beglückwünschen
present – *presnt*	das Geschenk, das Präsent
party – *pa:ti*	die Party, das Fest
event – *ivent*	das Event, die Veranstaltung
circus – *ßö:kəß*	der Zirkus
festival – *feßtivl*	das Festival
fireworks – *faiəwö:kß*	das Feuerwerk

tradition – *trədischn*	die Tradition
traditional – *trədischnəl*	traditionell
decoration – *dekəreischn*	die Dekoration
to decorate – *dekəreit*	dekorieren, schmücken
greeting – *gri:ting*	der (Willkommens)gruß
great – *greit*	großartig, toll
wonderful – *wandəfl*	wundervoll, wunderbar
hearty – *ha:ti*	herzlich (LH: t → z)
laughter – *la:ftə*	das Gelächter (LH: gh(t) → ch(t))
dance – *da:ns*	der Tanz (LH: d → t)
to dance – *da:ns*	tanzen (LH: d → t)
bar – *ba:*	die Bar
night club – *nait klab*	der Nachtclub (LH: gh(t) → ch(t))
disco(theque) – *diskə(tek)*	die Disko(thek)
show – *schəu*	die Show
amusing – *əmju:sing*	amüsant

Fun Fact

Die Steinblöcke von Stonehenge werden seit langem untersucht und über ihre Bedeutung wird gestritten. Besucher dürfen das Gelände nicht mehr direkt betreten, sondern werden auf einen Rundweg mit Audio-Guide geführt. Neueste Untersuchungen haben ergeben, dass sich in der Nähe weitere Kultstätten befunden haben müssen.

Lernhilfen

Congratulations! – *kəngrätschu<u>lei</u>schns*	Glückwunsch!

LH: mit (lat. *con*) **G**ratulation

---

host – *həußt*	Gastgeber/in

LH: Die **G**astgeberin in dem **Host**el war sehr freundlich.

---

to celebrate – <u>ßel</u>əbreit	feiern

LH: klangähnlich **zeleb**rieren

---

anniversary – *äni<u>vö:</u>ßəri*	der Jahrestag

LH: **Anni** ist dagegen (**vers**us) unseren Jahrestag zu feiern.

Christmas – <u>kriß</u>məß	Weihnachten

LH: Ich wünsche mir vom **Christ**kind eine Reise zum **Mars**.

New Year's Eve – *nju: jiəs i:v*	Silvester

LH: **Eve** – Vorabend (von **eve**ning)
→ der Vorabend des neuen Jahres

---

custom – <u>kaß</u>təm	die Sitte, der Brauch

LH: Es ist Brauch ein **Kost**üm zum Fest zu tragen.

| occasion – *əkeischn* | der Anlass |

LH: *Ein Orkan ist ein Anlass zum Weglaufen.*

| to receive – *riẞi:f* | empfangen |

LH: *Satelliten-TV empfängt man mit einem Receiver.*

| crowd – *kraud* | die Menschenmenge |

LH: *Eine Menschenmenge zertrat das Kraut auf dem Feld.*

| entertainment – *entəteinmənt* | die Unterhaltung |

LH: *Anton kauft sich ein neues Entertainment-System.*

| fun – *fan* | der Spaß |
| funny – *fani* | witzig |

LH: *Fan von einem Komiker zu sein, macht Spaß.*

| joke – *dschəuk* | der Witz, der Scherz |

LH: *Der Joker bei Batman macht viele Witze.*

| to enjoy – *indschoi* | genießen |
| Enjoy yourself! – *indschoi jəẞelf* | Viel Vergnügen! |

LH: *joy – Freude*
Ben spielt mit einem Joystick Computerspiele und genießt es.

pleasure – _plescha_	das Vergnügen
to please – _pli:s_	vergnügen, zufriedenstellen, jmd. gefallen
please – _pli:s_	bitte
pleased – _pli:sd_	erfreut
pleasant – _plesnt_	angenehm
unpleasant – _anplesnt_	unangenehm
to be pleased	erfreut sein

LH: _Dem Wasser im Brunnen beim **Plätschern** zuzuhören bereitet Vergnügen._

Fragen

Im Englischen wird bei Fragen ein Hilfsverb benötigt. Meistens ist dies das Verb **do**:

Do you like London?	Magst du London?

3. Person Singular: **does**

Where do you live?	Wo lebst du?
Can I have a coffee?	Kann ich einen Kaffee haben?

Da **can** ein Hilfsverb ist, wird hier kein **do** eingefügt.

Sport

Klangähnliche Vokabeln

sport – *ßpo:t*	der Sport
fitness – *fitnəß*	die Fitness
fit – *fit*	fit
athlete – *äthli:t*	Athlet/in, Sportler/in
athletic – *äthletik*	athletisch, sportlich
athletics – *äthletiks*	Leichtathletik
jogging – *dschoging*	das Joggen
ball – *bo:l*	der Ball
football – *futbo:l*	Fußball
basketball – *ba:skitbo:l*	Basketball
volleyball – *volibo:l*	Volleyball
handball – *händbo:l*	Handball
hockey – *hoki*	Hockey
sailing – *ßeiling*	Segeln

surfing – _ßö:fing_	Surfen
to climb – _klaim_	klettern
field – _fi:ld_	das (Spiel)feld
team – _ti:m_	das Team, die Mannschaft
stadium – _ßteidiəm_	das Stadion
final – _fainl_	das Finale
to train – _trein_	trainieren
training – _treining_	das Training
to run – _ran_	rennen, laufen
ski – _ßki:_	der Ski
to swim – _ßwim_	schwimmen
to win – _win_	gewinnen, siegen
winner – _winə_	Gewinner/in, Sieger/in
to ride – _raid_	reiten (LH: d → t)
start – _ßta:t_	der Start
rule – _ru:l_	die Regel
prize – _prais_	der Preis, der Gewinn
medal – _medl_	die Medaille
record – _reko:d_	der Rekord

Lernhilfen

slow – *ßləu*	langsam

LH: "Cars drive slower on a steep **slope** (steile Steigung)."

fast – *fa:ßt*	schnell

LH: Eine Katze ist **fast** genauso schnell wie ein Hund.

race – *reiß*	das Rennen

LH: ein Hunderennen mit verschiedenen Hunde**rassen**

gym – *dschim*	die Sporthalle, das Fitnessstudio

LH: Jedes **Gym**nasium besitzt eine Sporthalle.

hike – *haik*	die Wanderung

LH: Bei einer Wanderung am Strand habe ich einen **Hai** gesehen.

match – *mätsch*	das Spiel

LH: Das Wrestling-**match** findet im **Matsch** statt.

goal – *gəul*	das Tor

LH: Ein **Gaul** ist aufs Spielfeld gerannt und hat ein Tor gemacht.

to jump – *dschamp*	springen

LH: Bungee-**Jump**ing

to throw – *thrəu*	werfen

LH: Im American Football geht es beim Werfen sehr **rau** zu.

competition – *kompətischn*	der Wettkampf
competitor – *kəmpetitə*	Teilnehmer/in

LH: Ich spiele auf dem **Comp**uter virtuelle Wettkämpfe und mein Haustier (**pet**) sitzt daneben und schaut zu.

finish – *finisch*	das Ziel

LH: Ich habe mir als Ziel gesetzt **Finnisch** zu lernen.

victory – *viktəri*	der Sieg

LH: **Victoria** besiegt Ben immer im Tischtennis.

defeat – *difi:t*	die Niederlage

LH: Bei einer Niederlage liegt ein **Defizit** vor.

to lose – *lu:s*	verlieren
loser – *lu:sə*	Verlierer/in

LH: Ich habe beim Wettrennen verloren, weil meine Hose zu **lose** saß.

opponent – əpəunənt	Gegner/in

LH: **Oppo**sition
Im Deutschen bedeutet das Verb „**oppon**ieren" entgegensetzen.

endurance – indschuərənß	die Ausdauer

LH: **End**lich konnte ich meine Ausdauer verbessern **dur**ch regelmäßiges Joggen.

success – ßəkßeß	der Erfolg
successful – ßəkßeßfl	erfolgreich

LH: Mein Erfolgscoach bringt mich mit **Sugges**tionen zum Erfolg.

famous – feiməß	famos, berühmt

LH: Viele Engländer finden ihre Queen famos und sie ist auf der ganzen Welt berühmt.

exciting – ikßaiting	spannend

LH: In dem Wort steckt die **City** mit **Sight**seeing-Touren, die sind spannend.

diving – daiving	Tauchen

LH: **Diving** ist wie **driving** (fahren) im Meer.

referee – *refər<u>i:</u>* | Schiedsrichter/in

LH: Um Schiedsrichter zu werden, braucht man **Referenzen**.

Hobby

Klangähnliche Vokabeln

hobby – _hobi_	das Hobby
activity – _äk̲ti̲vəti_	die Aktivität
active – _äk̲tif_	aktiv
photo – _fə̲utəu_	das Foto
camera – _kämrə_	die Kamera
cards – _ka:ds_	die (Spiel)karten (LH: d → t)
free time – _fri: taim_	die Freizeit
chess – _tscheß_	das Schach (LH: sh → sch)
to risk – _rißk_	riskieren
risky – _rißki_	riskant
hammer – _hä̲mə_	der Hammer
nail – _neil_	der Nagel
board – _bo:d_	das Brett
ladder – _lä̲də_	die Leiter

saw – ßo:	die Säge
hook – huk	der Haken
screw – ßkru:	die Schraube
screwdriver – ßkru:draivə	der Schraubenzieher
needle – ni:dl	die Nadel

Lernhilfen

to play – plei	spielen
player – pleiə	Spieler/in

LH: Spielen bereitet Vergnügen (**plea**sure).

game – geim	das Spiel

LH: Kennst du noch den **Game**boy von früher?

luck – lak	das Glück

LH: **Lucky** Luke, Good **luck**! – Viel Glück!

to take pictures – teik piktschəs	fotografieren

LH: **Pi**xel, **pictures** – Bilder

dice – daiß	der Würfel

LH: **Die**ser Würfel ist gezinkt.

tool – *tu:l*	das Werkzeug

LH: *Im Deutschen wird das Wort **Tool** für Computerprogramme verwendet.*

rope – *rəup*	das Seil

LH: *In den Regenwäldern der **Trope**n hängen viele Lianen , die an Seile erinnern.*

cord – *ko:d*	die Schnur

LH: ***Kordel***

thread – *thred*	der Faden

LH: *Ich **tret**e auf den Faden, um ihn zu zerreißen.*

to bet – *bet*	wetten

LH: *Ich habe um mein Wasser**bett** gewettet.*

to guess – *geß*	erraten

LH: ***Guess** klingt ähnlich wie **chess** – Schachspiel.*
→ *Bei diesem Spiel muss der nächste Zug des Gegners erraten werden.*

puzzle – *pasl*	das Rätsel

LH: *Ein **Puzzle** ist im Prinzip wie ein Rätsel.*

| collection – kəlekschn | die Sammlung |
| to collect – kəlekt | sammeln |

LH: eine **Collage** aus gesammelten **College**-Bildern basteln

| paint – peint | die Farbe |

LH: Kennst du **Paint**ball? Ein Outdoor-Spiel, bei dem man sich mit Farbe beschießt.

| wallpaper – wo:lpeipə | die Tapete |

LH: **wall** – Wand, **paper** – Papier → ein Papier an der Wand

| leisure – leschə | die Freizeit |

LH: Ganz **leise lese** ich in meiner Freizeit.

| charger – tscha:dschə | das Aufladegerät |
| to charge – tscha:dsch | aufladen |

LH: Im afrikanischen **Tschad** werden neuerdings Aufladegeräte weiterverwertet.

| to develop – diveləp | entwickeln |

LH: In **develop** steckt **devil** – Teufel.
→ Mache ein Foto vom Teufel und entwickel es selbst.

Einkaufen

Klangähnliche Vokabeln

shop – *schop*	der Shop, das Geschäft, der Laden
market – *ma:kit*	der Markt
supermarket – *ßu:pəma:kit*	der Supermarkt
boutique – *bu:ti:k*	die Boutique
bookshop – *bukschop*	die Buchhandlung (LH: k → ch)
optician's – *optischns*	der Optiker
jeweller – *dschu:ələ*	der Juwelier
kiosk – *ki:osk*	der Kiosk
to cost – *koßt*	kosten
exact – *igsäkt*	exakt, passend
new – *nju:*	neu
complete – *kəmpli:t*	komplett, vollständig
price – *praiß*	der Preis
model – *modl*	das Modell

luxury – _laks_chəri	der Luxus
to reduce – ri_dju:ß_	reduzieren

Lernhilfen

offer – _of_ə	das Angebot
to offer – _of_ə	anbieten

LH: Ich **hoffe** auf ein gutes Angebot.

till – _til_	die Kasse

LH: An der Kasse **tilgt** man seine Rechnung.

to buy – _bai_	kaufen

LH: Ich **kaufe** mir ein **Bike** (Fahrrad).

to aquire – ə_kwei_ə	erwerben
acquisition – äkwi_si_schn	der Kauf

LH: **akquirieren, Akquisition**

to choose – _tschu:s_	aussuchen, auswählen

LH: Ich habe mir neue **Schuhe** (**shoes**) ausgesucht.

| **second-hand** – _sekənd-händ_ | gebraucht |

LH: _gebraucht aus zweiter Hand_

| **cheap** – _tschi:p_ | günstig, billig |

LH: _Diese **Chip**s sind sehr günstig._

| **expensive** – _ikßpenßiv_ | teuer |

LH: _"My **ex**-girlfriend bought me an expensive **pen** (Stift)."_

| **to spend** – _ßpend_ | ausgeben |

LH: _Wenn man was **spend**et, gibt man Geld aus._

| **to query** – _kwiəri_ | reklamieren |

LH: _Ich würde gerne diese schlechte **Kiwi** reklamieren._

| **to exchange** – _ikßtscheindsch_ | umtauschen |

LH: _Die Vorsilbe **ex-** steht für „um-". to **change** - tauschen_

| **complaint** – _kəmpleint_ | die Reklamation |
| **to complain** – _kəmplein_ | sich beschweren, beklagen |

LH: _"I complained about my **comp**uter and the **plain** chocolate (Zartbitterschokolade) that I bought last week."_

to queue – *kju:*	anstehen
queue	die Warteschlange

LH: Die **Kuh** steht an, um Futter zu bekommen.

receipt – *rißi:t*	der Kassenzettel, der Beleg

LH: Ich habe das **Rezept (recipe)** auf den Kassenzettel geschrieben, weil ich kein Papier mehr hatte.

escalator – *eßkəleitə*	die Rolltreppe

LH: Wenn die Rolltreppe zu voll ist, könnte es **eskal**ieren.

satisfied – *ßätißfaid*	zufrieden

LH: **satt** und zufrieden

customer – *kaßtəmə*	Kunde/Kundin

LH: ähnlich **Konsument**

to sell – *ßel*	verkaufen
sale – *ßeil*	der Verkauf
sold out – *ßəuld aut*	ausverkauft

LH: In Schaufenstern hängen oft Schilder mit **Sale** – Ausverkauf.

available – əv<u>ei</u>ləbl	vorrätig

LH: Die **Veil**chen sind noch vorrätig.

choice – tschoiß	die (Aus)wahl

LH: Bei der **Scho**kolade habe ich die falsche Wahl getroffen.

discount – d<u>iß</u>kaunt	der Rabatt

LH: **Discount**er, **count** – zählen
Das Präfix **dis-** drückt einen Gegensatz aus.
→ Bei einem Rabatt wird vom Preis „runtergezählt".

free – fri:	gratis, kostenlos

LH: gratis **Fritten**

grocer's – gr<u>əu</u>ßes	das Lebensmittelgeschäft

LH: Lebensmittelgeschäfte sind meistens sehr **groß**.

butcher's – b<u>u</u>tschəs	die Metzgerei
butcher – b<u>o</u>tschə	Metzger/in

LH: In großen **Botti**chen wird Fleisch gepökelt.

chemist's – k<u>e</u>mißtß	die Drogerie

LH: Die meisten Drogerie-Artikel werden **chemisch** hergestellt.

Berufe und Arbeitsleben

Klangähnliche Vokabeln

profession – *prəfeschn*	die Profession, der Beruf
professional – *prəfeschnl*	Berufs-
to practise a profession	einen Beruf praktizieren
work – *wö:k*	das Werk, die Arbeit
to work – *wö:k*	arbeiten
worker – *wö:kə*	Arbeiter/in
to go to work	zur Arbeit gehen
working hours – *wö:king auəs*	die Arbeitszeit
work permit – *wö:k pö:mit*	die Arbeitsgenehmigung
job – *dschob*	der Job, die Arbeit
colleague – *koli:g*	Kollege/in
co-worker – *kəu wö:kə*	Kollege/in

management – _mänidschmənt_	das Management, die Geschäftsleitung
managerial position – _mänəschiəriəl pəßischn_	die Führungsposition
manager – _mänidschə_	Manager/in
team – _ti:m_	das Team
to qualify – _kwolifai_	sich qualifizieren
further training – _fö:thə treining_	die Fortbildung
boss – _boß_	der Boss, Chef/in
cooperation – _kəuopəreischn_	die Kooperation, die Mitarbeit
cost control – _koßt cəntrəul_	die Kostenkontrolle, das Controlling
conference – _konfrənß_	die Konferenz
convention – _kənvenschn_	die Konvention, die Tagung, das Übereinkommen
night school – _nait sku:l_	die Abendschule
to specialize in – _ßpeschəlais_	sich spezialisieren auf
skills – _ßkilß_	die Skills, die Fähigkeiten
skilful – _ßkilfl_	geschickt, fähig
practical – _präktikl_	praktisch
secretary – _ßekrətri_	Sekretär/in
shop assistent – _schop əßißtənt_	Verkäufer/in
hairdresser – _heədreßə_	Friseur/in
doctor – _doktə_	Arzt/Ärztin
professor – _prəfesə_	Professor/in

assistant – *əßißtənt*	Assistent/in
policeman – *pəli:ßmən*	der Polizist
policewoman – *pəli:ßwumən*	die Polizistin
mechanic – *məkänik*	Mechaniker/in
electrician – *ilektrischn*	Elektriker/in
engineer – *endschiniə*	Ingenieur/in
pharmacist – *fa:məßißt*	Pharmazeut/in, Apotheker/in
chemist – *kemißt*	Chemiker/in, Apotheker/in, Drogerist/in
physiotherapist – *fisiəutherəpißt*	Physiotherapeut/in
masseur – *məßö:*	der Masseur
masseuse – *məßö:s*	die Masseurin
architect – *a:kitekt*	Architekt/in
technician – *teknischn*	Techniker/in
photographer – *fətogrəfə*	Fotograf/in
computer programmer – *kəmpju:tə prəugrämə*	Programmierer/in
to program – *prəugräm*	programmieren
representative – *reprisentətiv*	Repräsentant/in, Vertreter/in
politician – *polətischn*	Politiker/in
diplomat – *dipləmät*	Diplomat/in
baker – *beikə*	Bäcker/in
bakery – *beikəri*	die Bäckerei
bread shop – *bräd schop*	die Bäckerei

171

garden – *ga:dn*	der Garten
gardener – *ga:dnə*	Gärtner/in
farmer – *fa:mə*	Bauer/Bäuerin
postman (BE) – *pəußtmən*	der Briefträger
postwoman – *pəußtwumən*	die Briefträgerin
artist – *a:tißt*	Artist/in, Künstler/in
musician – *mju:sischn*	Musiker/in
singer – *ßingə*	Sänger/in
composer – *kəmpəusə*	Komponist/in
ballet dancer – *bälei da:nßə*	Balletttänzer/in
captain – *käptin*	Kapitän/in
sailor – *ßeilə*	der Seemann
sail – *ßeil*	der Segel, der Flügel (Windmühle)
to sail – *ßeil*	segeln, auslaufen
soldier – *ßəuldschə*	Soldat/in
officer – *ofißə*	Offizier/in
general – *dschenrəl*	General/in
social worker – *ßəuschl wö:kə*	Sozialarbeiter/in
author – *o:thə*	Autor/in
reporter – *ripo:tə*	Reporter/in
jounalist – *schö:nəlißt*	Journalist/in
director – *direktə*	Direktor/in, Regisseur/in
pilot – *pailət*	Pilot/in

photocopier – _fəutəukopiə_	der Kopierer
photocopy – _fəutəukopi_	die Fotokopie
to copy – _kopi_	kopieren
calendar – _käləndə_	der Kalender
documents – _dokjumənts_	die Dokumente, die Unterlagen
note – _nəut_	die Notiz
paper – _peipə_	das Papier
piece of paper – _pi:ß_	der Zettel, das Stück Papier
list – _lißt_	die Liste
table – _teibl_	die Tabelle, der Tisch
to type – _taip_	tippen
stamp – _ßtämp_	der Stempel
presentation – _presnteischn_	die Präsentation
to present – _prisent_	präsentieren
video projector – _videəu prədschektə_	der Video-Projektor, der Beamer
calculator – _kälkjuleitə_	der Kalkulator, der Taschenrechner
paper clip – _peipə klip_	die Büroklammer
notepad – _nəutpäd_	der Notizblock
professional career – _prəfeschnəl kəriə_	die berufliche Laufbahn
career – _kəriə_	die Karriere
interview – _intəvju:_	das Interview, das Vorstellungsgespräch

173

chance – *tscha:nß*	die Chance
beginner – *bigina*	Anfänger/in
expert – *ekßpö:t*	Experte/in
rest – *reßt*	der Rest, die Rast, die Pause
pension – *penschn*	die Pension, die Rente
contract – *konträkt*	der Kontrakt (schriftliche Vereinbarung, Dokument), der Vertrag
job centre – *dschob ßenta*	das Jobcenter, das Arbeitsamt
strike – *ßtraik*	der Streik
to be on strike	streiken
arrangement – *areindschmant*	das Arrangement, die Vereinbarung
to arrange – *areindsch*	arrangieren, vereinbaren
income – *inkam*	das Einkommen
bonus – *baunaß*	der Bonus, die Prämie
full-time – *ful-taim*	die Vollzeit
part-time – *pa:t-taim*	die Teilzeit
flexitime – *flekßitaim*	die Gleitzeit
shift – *schift*	die Schicht
overtime – *auvataim*	die Überstunde

Lernhilfen

staff – ßta:f	das Personal

LH: **Staff** heißt auch „**Stab**" oder „**Stock**".
→ Das Personal wird aufgestockt.

stapler – ßteiplə	der Hefter

LH: Ein Hefter heftet einen **Stapel** Papier zusammen.

rubber – rabə	der Radiergummi

LH: Der **rubber rubbelt** über das Papier.

post – pəußt	der Arbeitsplatz

LH: An deinem neuen Arbeitsplatz besetzt du einen wichtigen **Posten**.

to run – ran	leiten, rennen, laufen

LH: **Run** wird sehr vielseitig gebraucht. Stell dir einen Abteilungsleiter vor, der ständig rumrennt.

superior – ßəpiəriə	der/die Vorgesetzte

LH: Finde deinen Vorgesetzten einfach mal ganz **super**.

talk – to:k	das Gespräch, der Vortrag

LH: **Talk**-Show

busy – *bisi*	beschäftigt, belebt, betriebsam
businessman	der Geschäftsmann
businesswoman	die Geschäftsfrau
business card	die Visitenkarte

LH: **business** – **Business**, Geschäft, Angelegenheit

| responsible – *rißpons_ə_bl* | verantwortlich, zuständig, haftpflichtig |
| responsibility – *rißponßə_bil_əti* | die Verantwortung |

LH: **Pons** bedeutet Brücke. Schlage eine Brücke von dir zu deinem Kind, für das du verantwortlich bist.

| freelance – *fri:la:nß* | freiberuflich |

LH: Die wörtliche Übersetzung bedeutet „**freie Lanze**". Stell dir einen Ritter mit Lanze als freiberuflichen Söldner vor, der für jeden Kriegsherrn kämpft, der ihn bezahlt.

| clerk – *kla:k* | der/die Büroangestellte |

LH: **Clark** Kent arbeitet zusammen mit Lois Lane als Reporter beim Daily Planet. Sie sind Angestellte im Büro.

| sculptor – *skalptə* | Bildhauer/in |

LH: Der Bildhauer schafft **Skulpturen** – **sculptures**.

lecture – _lektscha_	die Vorlesung, der Vortrag
lecturer – _lektschara_	Dozent/in, Juniorprofessor/in

LH: Achtung, hier haben wir wieder einen „falschen Freund". **Lecture** heißt nicht „**Lektüre** – reading". Am leichtesten merkst du dir „**lecture** hall – Hörsaal", dort werden Vorlesungen und Vorträge gehalten.

suitable – _ßu:tabl_	passend, geeignet
unsuitable – _anßu:tabl_	unpassend, ungeeignet

LH: **Suit** ist der besonders gut passende Anzug.

capable – _keipabl_	kompetent, fähig
incapable – _inkeipabl_	unfähig

LH: Ich hatte in der Vergangenheit genügend freie **Kapa**zitäten, um mir eine hohe Kompetenz auf diesem Gebiet zu erwerben. **capacity** – Kapazität, Kompetenz, Fassungsvermögen

nurse – _nö:ß_	die Krankenschwester
male nurse – _meil nö:ß_	der Krankenpfleger

LH: Die Nanny pflegt ein Kind.

tradesman – _treidsman_	Handwerker/in
trader – _treida_	Händler/in

LH: **trade** – Gewerbe, Handwerk
traditionelles Handwerk

vet – *vet*	Tierarzt, Tierärztin

LH: Der **vet** kuriert Peter das Meerschweinchen.
pet – Haustier

guide – *gaid*	Führer/in, Reiseleiter/in, Leitfaden
to guide	leiten, führen

LH: Unser **guide reitet** voran und **leitet** uns.

painter – *peintə*	Maler/in

LH: to **paint** – pinseln, malen, streichen

conductor – *kəndaktə*	Kondukteur/in, Dirigent/in, Schaffner/in, Zugführer/in

LH: Ein **Konduktor** ist u.a. ein Stromleiter.

interpreter – *intö:prətə*	Dolmetscher/in

LH: Ein guter Dolmetscher muss **interpretieren** können.

flight attendant – *flait ətendənt*	Flugbegleiter/in

LH: **flight** – Flug; **attendant** – **Attendant, Begleiter/in**

sheet – *schi:t*	das Blatt

LH: So ein **Schitt!** Das Blatt flattert mir im Wind davon.

entrepreneur – *ontrəprənö:*	Unternehmer/in

LH: Das Wort ist aus der französischen Sprache entnommen. **Entre** bedeutet „unter, zwischen" und das Verb **prendre** bedeutet u.a. „etwas annehmen, etwas ergreifen". Ein Unternehmer ist oft ein Zwischenhändler, der Waren annimmt und weiterverkauft.

enterprise – *entəprais*	das Unternehmen, die Unternehmung

LH: Das Raumschiff „**Enterprise**" aus Star Trek flog auf viele Unternehmungen.

official – *əfischl*	Beamter/in
office – *ofiß*	das Büro
office chair – *ofiß tscheə*	der Bürostuhl

LH: Beamte sind **Offizielle** für die Bürger.

counsellor – *kaunßələ*	Counseller/in, Berater/in

LH: In dem Wort wird der **Kanzler** stecken, der als Berater eines Staatsoberhauptes fungiert.

desk – *deßk*	der Schreibtisch

LH: Kennst du den **Desk**top auf deinem PC-Bildschirm, dein virtueller Schreibtisch?

appointment – *əpointmənt*	der Termin
disappointment	die Enttäuschung
disappointed	enttäuscht

LH: **point** – **Punkt**
*Der Termin ist um **Punkt** zwölf.*

glue – *glu:*	der Klebstoff

LH: ***Glue** ist ähnlich „**Klebe**" und außerdem **glitschig**.*

file – *fail*	die Akte, die Datei

LH: **File** *heißt nicht „**Pfeil** – arrow"!*
Profiler erstellen u.a. Fallanalysen von Straftätern, die dann in Akten landen.

ruler – *ru:lə*	das Lineal, der Gebieter, der Regler

LH: *to **rule** – regieren, regeln*
Ein Lineal ist in der Form ähnlich dem Zepter eines Königs. Frühere Lehrer haben mit dem Lineal in der Hand Regeln aufgestellt.

to hire – *haiə*	einstellen
to fire – *faiə*	feuern

LH: *Kennst du den Ausdruck „**hire** and **fire**"? In anderen Ländern sind die Kündigungsschutzgesetze anders als in Deutschland. Dort wird leichter eingestellt, weil auch schnell wieder gekündigt/gefeuert werden kann.*

to employ – *imploi*	einstellen, beschäftigen
employed – *imploid*	angestellt
unemployed – *animploid*	arbeitslos
employee – *imploii:*	Arbeitnehmer/in
employee – *imploiə*	Arbeitgeber/in
employment – *imploimənt*	die Anstellung

LH: Mache aus **employ** ein **play** – spielen.
→ Im Betrieb spielt nun ein neu eingestellter Mitarbeiter eine Hauptrolle.

applicaton – *äplikeischn*	die Bewerbung
to apply – *əplai*	sich bewerben

LH: Stell dir intensiv ein Bewerbungsgespräch bei der Firma **Apple** für deinen Traumjob vor.

professional experience – *prəfeschnəl ikßpiəriənß*	die Berufserfahrung

LH: **Experience** erinnert an „Experimente".
→ Verbinde einen Physiker mit ganz vielen Experimenten und dadurch viel Berufserfahrung.

to dismiss – *dißmiß*	entlassen

LH: Wenn es ganz blöd läuft, wird man erst ge**diss**t, dann entlassen und danach ver**miss**en sie einen wieder.

| notice – _nəutiß_ | die Kündigung, die Ankündigung, die Mitteilung |

LH: Schreibe deine Kündigung bei Apple auf einen billigen **Notizzettel** und gehe damit zum Chef.

| job vacancy – _dschob veikənßi_ | die offene Stelle |

LH: lat. **vacantia** – Leersein, Freisein
→ Auch im Deutschen heißt es, dass die Stelle **vakant** ist.

| wage – _weidsch_ | der Lohn |

LH: Merke dir die **Waage**, auf der früher der Lohn noch in Gold und Silber abgewogen wurde.

| salary – _säləri_ | das Gehalt |

LH: Das Wort kommt von lat. **sal** – Salz.
→ Die Soldaten wurden damals mit Salz bezahlt.

| to pay – _pei_ | bezahlen |
| pay – _pei_ | die Bezahlung |

LH: **Payback**-Punkte oder das **Paypal**-Konto sind bekannt.

| to earn – _ö:n_ | verdienen |
| earnings – _ö:nings_ | der Verdienst |

LH: ähnlich to **learn** – lernen
→ Wer in der Schule gut lernt, kann später mehr verdienen.

to demand – *dimaːnd*	fordern, verlangen
demand – *dimaːnd*	die Forderung

LH: *klangähnlich* **Diamant**
→ *Stell dir eine Frau vor, die zur Verlobung einen Diamanten fordert.*

agreement – *əgriːmənt*	das Agreement, die Abmachung
to agree – *əgriː*	einwilligen, einig werden, zustimmen

LH: *In dem Wort* **agreement** *steckt* **green** *für „grün" drin.*
→ *Nach einer Einigung geben beide Parteien grünes Licht für ein Projekt.*

promotion – *prəməuschn*	die Promotion, die Beförderung, der Aufstieg

LH: *Wer* **promoviert**, *erhält den Doktortitel und verspricht sich davon einen beruflichen Aufstieg.*

to appoint – *əpoint*	berufen, ernennen

LH: *Wie in „*appoint**ment** – Berufung, Termin, Verabredung", steckt auch hier der „*Punkt – **point**" drin.*
→ *Zur Berufung musst du termingerecht Punkt 12 erscheinen.*

advantage – *ədvɑ:ntidsch*	der Vorteil
disadvantage	der Nachteil

LH: Wenn du schon in den **Adventstagen** mit den Weihnachtsvorbereitungen beginnst, bist du im Vorteil bzgl. Weihnachtsstress.

Denken und Fühlen

Klangähnliche Vokabeln

to think – *thingk*	denken (LH: th → d)
thought – *tho:t*	der Gedanke
thoughtless – *tho:tləß*	gedankenlos
to forget – *fəget*	vergessen
hope – *həup*	die Hoffung (LH: p → pf / f)
to hope – *həup*	hoffen
I hope so.	Ich hoffe es.
I hope not.	Ich hoffe nicht.
Hopefully! – *həupfli*	Hoffentlich!
Maybe. – *meibi*	Mag sein. Vielleicht.
to wonder – *wandə*	sich wundern, sich fragen
impression – *impreschn*	die Impression, der Eindruck
to notice – *nəutiß*	notieren, bemerken
to realize – *riəlais*	realisieren, erkennen
sense – *ßenß*	der Sinn
nonsense – *nonßənß*	der Unsinn
feeling – *fi:ling*	das Gefühl, die Empfindung
to feel – *fi:l*	fühlen
to see – *ßi:*	sehen
to observe – *əbsö:f*	observieren, beobachten

luck – *lak*	das Glück
to laugh – *la:f*	lachen
laughter – *la:ftə*	das Lachen
favourite – *feifrət*	der Favorit, der Liebling
to favour – *feivə*	favorisieren
favour – *feivə*	der Gefallen
alone – *ə<u>ləun</u>*	allein
Leave me alone! – *li:f mi ə<u>ləun</u>*	Lass mich in Ruhe!
lonely – *<u>ləun</u>li*	einsam
to miss – *miß*	vermissen
hopeless – *həupləß*	hoffnungslos
fear – *fiə*	die Furcht, die Angst
to be afraid – *bi: ə<u>freid</u>*	sich fürchten
shame – *scheim*	die Scham
to be ashamed – *bi: ə<u>scheimd</u>*	sich schämen
pain – *pein*	die Pein, der Kummer
tear – *tiə*	die Träne
enthusiastic – *inthju:siä<u>ßtik</u>*	enthusiastisch, begeistert
aggressive – *ə<u>greßif</u>*	aggressiv
to be astonished – *bi: ə<u>ßton</u>ischt*	staunen
to stink – *ßtingk*	stinken
to cry – *krai*	schreien, weinen
to hear – *hiə*	hören, verstehen, erfahren

Lernhilfen

memory – _memə_ri	die Erinnerung, das Gedächtnis
to remember – ri_memb_ə	sich erinnern

LH: Denk an das Kinderspiel **Memory**.

to seem – ßi:m	scheinen, erscheinen, wirken

LH: Der **See** erscheint/wirkt kalt.

to believe – bi_li:f_	glauben (LH: f / ve → b)

LH: Ich glaube dir, weil du **beliebt** bist. Glaube und Religion sind **beliebt** in der Gesellschaft.

to expect – ikß_pekt_	erwarten, rechnen mit

LH: Ein **Experte** weiß, was er zu erwarten hat.

to suppose – ßə_pəus_	vermuten, annehmen, glauben
supposed	angeblich, angenommen, vermeintlich

LH: Das Wort könnte mit **Pose** zu tun haben. Wenn jemand eine **Pose** einnimmt, muss ich vermuten, was er damit sagen will.

probably – _prob_əbli	wahrscheinlich

LH: In dem Wort steckt **pro Baby**! Wahrscheinlich entscheiden wir uns für ein Baby.

| possible – _poßəbl_ | möglich |
| impossible – _impoßəbl_ | unmöglich |

LH: Eine **Posse** ist eine alberne **Pose**. Möglicherweise will jemand damit Aufmerksamkeit erregen.

| to recognize – _rekəgnais_ | wiedererkennen |

LH: **re-** – wieder
Ich **re**ise in**kogn**ito (d.h. unerkannt reisen).

| appearance – _əpiərənß_ | der Schein, der Auftritt |

LH: **pear** – Birne
→ Ein Leuchtmittel hatte früher immer die Form einer Birne und scheint hell.

imagination – _imädschineischn_	die Vorstellungskraft
image	das Bild, das Image
to imagine – _imädschin_	sich vorstellen

LH: **Imagination, Image**

| to anticipate – _äntißipeit_ | erwarten, vorhersehen, vorwegnehmen |

LH: **antizipieren** (lat.)

188

happy – *häpi*	glücklich
unhappy – *anhäpi*	unglücklich

LH: **Happy** Birthday – wörtl. *glücklicher Geburtstag*

glad – *gläd*	froh

LH: *Ich bin froh, dass meine neu gezüchtete **Glad**iole diesen Preis gewonnen hat.*

smile – *ßmail*	das Lächeln
to smile	lächeln

LH: **Smiley**

surprise – *ßeprais*	überrascht
surprised – *ßepraisd*	überrascht
surprising – *ßepraising*	erstaunlich

LH: **Prise** *ist unter anderem die Beute einer Kapernfahrt. Das Ergebnis war immer überraschend.*

satisfied – *ßätißfaid*	zufrieden
dissatisfied – *dißßätißfaid*	unzufrieden

LH: **Satis**faktion – Zufriedenstellung, Genugtuung
lat. **satis** – genug; **safere** – tun, machen, betreiben
Satt ist jemand, der genug zu essen hat.

189

to worry – _wari_	sich sorgen
worry – _wari_	die Sorge, der Ärger
to worry about sth.	etwas befürchten
worried – _warid_	beunruhigt, besorgt
Don't worry!	Machen Sie sich nichts draus! Mache dir keine Sorgen!

LH: Du kennst bestimmt den Spruch „Don't **worry** – be happy!"?

desperate – _deßpərət_	verzweifelt

LH: Kennst du aus dem TV die „**Desperate** Housewives"?

to envy – _envi_	beneiden
envy – _envi_	der Neid

LH: Beneide eine **Evi**.

sadness – _Bädnəß_	die Trauer
sad – _Bäd_	traurig
sadly – _Bädli_	leider

LH: Mache aus **sad** ein „**schad**".
→ **Schad**e, dass mein Großvater so früh verstorben ist.

disgust – _dißgaßt_	die Abscheu, der Ekel

LH: Die Vorsilbe **dis**- bedeutet „getrennt, auseinander, gegenteilig".
„**Gust**" hängt mit „**Gusto** – Spaß, Gefallen" zusammen.

scary – *ßkeəri*	schaurig, ängstlich

LH: *schriftähnlich* **schaurig**
→ *Stell dir eine schaurige Begegnung mit einem Asketen in der Wüste vor.*

fright – *frait*	der Schreck (LH: gh(t) → ch(t))
to frighten – *fraitn*	erschrecken
to be frightened – *bi: fraitnd*	sich erschrecken

LH: *Im Deutschen gibt es „das* **ficht** *mich nicht an".*

to be bored – *bi: boːd*	sich langweilen
boring – *boːring*	langweilig

LH: *to* **bore** *– bohren*
→ *Ich* **bohre** *vor lauter Langeweile in meiner Nase.*

terrible – *terəbl*	schrecklich

LH: **terra** *– Erde*
→ *Auf der Erde geht es manchmal schrecklich zu.*

doubt – *daut*	die Bedenken, der Zweifel
without doubt – *withaut daut*	zweifelsohne
to doubt	bezweifeln

LH: *Zweifel liegen mir schwer im Magen und stören die Verdauung.*

dull – *dal*	langweilig, stumpf, matt

LH: *Ich langweile mich ganz* **dolle**.

destiny – <u>*deßt*</u>*əni*	das Schicksal, die Fügung, die Vorsehung

LH: **tiny** – *winzig*
→ *Eine winzige Sekunde im Straßenverkehr kann das Schicksal ändern.*

admiration – *ädm*ə<u>*reischn*</u>	die Bewunderung
to admire – *əd*<u>*maiə*</u>	bewundern

LH: *Ein* **Admira**l *wird meist bewundert.*

excited – *ikß*<u>*aitid*</u>	aufgeregt, gespannt
exciting – *ikß*<u>*aiting*</u>	aufregend
to excite so.	jmdn. aufregen

LH: **exit** – *Ausgang*
→ *Ich bin aufgeregt, weil ich nicht weiß, was mich hinter diesem* **Exit** *erwartet.*

grateful – <u>*greitfl*</u>	dankbar

LH: *Ich bin dankbar für die warmen Temperatur-***Grade***.*

longing – _longing_	die Sehnsucht

LH: Sehnsucht kann sehr **lange** andauern.

pity – _piti_	das Mitleid
in/with pity	mitleidig
What a pity	Wie schade!
self-pity	Selbstmitleid

LH: **Bitte** haben Sie Mitleid, sagte der Bettler.

to feel sorry – _fi:l ßori_	Leid tun

LH: to **feel** – fühlen
Sorry ist auch in anderen Sprachen eine gängige Entschuldigung.

to regret – _rigret_	bedauern

LH: **re-** – zurück
→ **Gre**tel bedauerte, sich im Wald verirrt zu haben und den Weg zurück nicht mehr zu finden.

strange – _ßtreindsch_	seltsam, sonderbar, fremd

LH: **stranger** – Fremde; **ranger** – Ranger, Förster, Jäger
→ Begegne im dunklen Wald einem fremden **Ranger** und finde ihn recht seltsam.

to listen – *lißn*	lauschen, hören, horchen

LH: *„Ich musste mir eine ganze **Liste** von Beschwerden anhören!"*

to move – *mu:v*	sich bewegen, umziehen
move	die Bewegung, der Umzug

LH: *Ein **Muff** ist ein Handwärmer für Frauen. Bewege deine kalten Hände in diesen **Muff** hinein.*

to touch – *tatsch*	tasten, rühren, berühren

LH: *Ein **touch** screen ist ein berührungsempfindlicher Bildschirm mit Sensor für die Eingaben, z.B. bei einem Smartphone.*

sound – *saund*	der Klang, das Geräusch, der Schall

LH: **Sound**check ist die Kontrolle und Einstellung einer Beschallungsanlage.

noise – *nois*	der Lärm, der Krach, das Geräusch

LH: *Mein **neues** Fahrrad macht komische Geräusche.*

Handlungen und Verhalten

Klangähnliche Vokabeln

thing – *thing*	das Ding, die Sache (LH: th → d)
object – *obdschekt*	der Gegenstand, das Objekt
action – *äkschn*	die Handlung, die Aktion
activity – *äktivəti*	die Tätigkeit, die Aktivität
plan – *plän*	der Plan, das Vorhaben
to plan – *plän*	planen
guarantee – *gärənti:*	die Garantie
to guarantee – *gärənti:*	garantieren
help – *help*	die Hilfe (LH: p → f)
to help – *help*	helfen (LH: p → f)
helpful – *helpfl*	hilfreich (LH: p → f)
definitely – *defənətli*	definitiv, bestimmt
support – *ßəpo:t*	die Unterstützung, der Support
respect – *rißpekt*	der Respekt, die Achtung
to respect – *rißpekt*	respektieren
respected – *rißpektid*	respektiert, angesehen
mistrust – *mißtraßt*	das Misstrauen
trust – *traßt*	das Vertrauen
to trust – *traßt*	anvertrauen
to act – *äkt*	handeln, agieren

to hold – *hɘuld*	halten (LH: d → t)
to wake (up) – *weik*	wecken, aufwachen (LH: k → ch)
to sleep – *ßli:p*	schlafen (LH: p → f)
to dream – *dri:m*	träumen (LH: d → t)
dream – *dri:m*	der Traum (LH: d → t)
to relax – *riläkß*	sich entspannen, relaxen
to fill (up) – *fil*	(auf)füllen (LH: i → ü)
situation – *ßitjueischn*	die Situation, die Lage
to fix – *fikß*	festmachen, fixieren
to separate – *ßepɘreit*	trennen, separieren
to knock – *nok*	(an)klopfen
to accept – *ɘkßept*	akzeptieren, annehmen
to lend – *lend*	(ver)leihen
to bring – *bring*	(mit)bringen
to give – *gif*	geben (LH: ve → b)
to find – *faind*	finden
to handle – *händl*	handhaben, umgehen mit
stuff – *ßtaf*	der Stoff, das Material, das Zeug

Lernhilfen

matter – _mätə_	die Angelegenheit, die Sache

LH: Mache die Besteigung des **Matter**horns zu deiner persönlichen Angelegenheit.

to pull – _pul_	ziehen

LH: Ziehe einen **Pull**over über deinen Kopf.

to push – _pusch_	schieben

LH: jmd. „**push**en", ihn anschieben

to carry – _käri_	tragen

LH: Ein **Karr**en trägt schwere Lasten.

to look for – _luk fə_	suchen

LH: Wenn man etwas sucht, schaut (**look**) man sich um.

purpose – _pö:pəß_	das Ziel, der Zweck, die Absicht
on purpose – _on pö:pəß_	absichtlich

LH: Sich in **Pose** setzen dient meist einem bestimmten Ziel.

duty – _dju:ti_	die Pflicht, der Zoll

LH: Kennst du die „**duty**-free shops" am Flughafen?

to encourage – *in<u>ka</u>ridsch*	ermutigen

LH: *die **Courage** (Mut)*

conclusion – *kənklu:schn*	der Schluss, die Schlussfolgerung
to conclude – *kənklu:d*	(ab)schließen

LH: **con-** *– mit,* **clusion** *ist wortähnlich* **Schluss**
Konklusion *ist die abschließende Formulierung eines Gedankens.*

to neglect – *ni<u>gl</u>ekt*	vernachlässigen, etwas unterlassen

LH: *Hier steckt das Wort* **negieren** *(etwas ablehnen, verneinen) und* **negativ** *drin.*

ready – *<u>re</u>di*	bereit

LH: *,,**Ready**, Set, Go!'' heißt es beim Wettrennen.*

to drop – *drop*	fallen lassen

LH: *Regen**trop**fen fallen auf deinen Kopf.*

to lower – *<u>ləuə</u>*	senken, herunterlassen

LH: **low** *– niedrig*

to try – *trai*	versuchen, probieren

LH: *klangähnlich* **trainieren**
→ *beim* **Training** *neue Übungen probieren*

effort – *efət*	die Anstrengung, die Mühe, die Leistung

LH: *Gute Leistungen in der Schule erweisen sich als* **effektiv** *für das spätere Berufsleben und den Verdienst.*

tiring – *taiəring*	anstrengend

LH: **tired** *– müde*
Die Pflege von **Tieren** *kann manchmal sehr anstrengend sein.*

opportunity – *opətju:nəti*	die Gelegenheit, die Möglichkeit
opportune – *opətju:n*	passend, gelegen

LH: **Opportunität**

attempt – *ətempt*	der Versuch

LH: *Der Versuch raubt mir den* **Atem**.

preparation – *prepəreischn*	die Vorbereitung
to prepare – *pripeə*	vorbereiten

LH: *im Chemieunterricht etwas* **preparieren** *für das Mikroskop*

decision – *diβischn*	die Entscheidung
to decide – *diβaid*	entscheiden

LH: **De-** *ist eine Vorsilbe entsprechend „ent-",* **cide** *ist klangähnlich „scheid".*

199

to manage – *mänidsch*	schaffen, gelingen

LH: **Management**, *etwas* **managen**

certain – *SSö:tn*	sicher, überzeugt
uncertain – *anßö:tn*	unsicher, ungewisse
certainty – *SSö:tnti*	die Sicherheit, die Gewissheit

LH: *klangähnlich* **zeugen**

to distribute – *dißtribju:t*	verteilen
distribution – *dißtribju:tschn*	die Verteilung, die Aufteilung

LH: *In* **Distrikten** *(Teile von einem Gebiet) wird die Bevölkerung aufgeteilt.*

Wirtschaft

Klangähnliche Vokabeln

business – *bisniß*	das Business, das Geschäft, die Branche
industry – *indəßtri*	die Industrie
industrial – *indaßtriəl*	industriell
firm – *föːm*	die Firma
agency – *eidschənßi*	die Agentur
goods – *guds*	die Güter, die Ware (LH: t → d)
workshop – *wöːkschop*	die Werkstatt
to repair – *ripeə*	reparieren
product – *prodakt*	das Produkt
to produce – *prədjuːß*	produzieren
production – *prədakschn*	die Produktion
to deliver – *dilivə*	liefern
delivery – *dilivəri*	die Zustellung, die Auslieferung
to import – *impoːt*	importieren
to export – *ikßpoːt*	exportieren
marketing – *maːkiting*	das Marketing
consumer – *kənßjuːmə*	Konsument/in, Verbraucher/in
globalization – *gləubəlaiseischn*	die Globalisierung
farm – *faːm*	die Farm, der Bauernhof
field – *fiːld*	das Feld

hay – *hei*	das Heu
to plant – *pla:nt*	pflanzen (LH: p → pf / f) (LH: t → z)
straw – *ßtro:*	das Stroh
to pick – *pik*	pflücken (LH: p → pf / f) (LH: i → ü)
ecology – *ikolədschi*	die Ökologie
alternative – *o:ltö:nətiv*	alternativ
organic – *o:gänik*	organisch, biologisch
to feed – *fi:d*	füttern
wild – *waild*	wild
fishing – *fisching*	der Fischfang (LH: sh → sch)
bank – *bängk*	die Bank
financial – *fainänschl*	finanziell
euro – *juərəu*	der Euro
cent – *ßent*	der Cent
dollar – *dolə*	der Dollar
pound – *paund*	der Pfund
penny – *peni*	der Penny
(bank)note – *bängknəut*	die Banknote, der Geldschein
credit – *kredit*	der Kredit
credit card – *kredit ka:d*	die Kreditkarte
per cent – *pə ßent*	das Prozent
net – *net*	netto

income – *inkam*	das Einkommen
profit – *profit*	der Gewinn, der Profit
to invest – *inveßt*	investieren, anlegen
to lend – *lend*	leihen
tame – *teim*	zahm (LH: t → z)
cash – *käsch*	Cash, das Bargeld

Lernhilfen

| **economy** – *ikonəmy* | die Wirtschaft |

LH: *Ökonomie*

| **to advise** – *ədvais* | beraten |

LH: *ein **weiser** Rat*

| **company** – *kampəni* | das Unternehmen |

LH: *mit einem **Kompan**en ein Unternehmen gründen*

| **order** – *o:də* | der Auftrag, die Bestellung |

LH: *Eine Bestellung sollte man sich **ord**entlich notieren.*

agriculture – *ägrikaltschə*	die Landwirtschaft
agricultural – *ägrikaltschrəl*	landwirtschaftlich

LH: **agrar-**, verschiedene **Kulturen** anpflanzen

to water – *woːtə*	gießen

LH: gegossen wird mit **Wasser** (water)

to flower – *flauə*	blühen

LH: **flower** – Blume
Wenn die Blume im **Flow** ist, blüht sie am schönsten.

to grow – *grəu*	anbauen, anpflanzen

LH: Wenn der Salat **grau** ist, wurde er wohl falsch angepflanzt.

fertile – *föːtail*	fruchtbar
fertilizer – *föːtəlaisə*	der Dünger
to fertilize – *föːtəlais*	düngen

LH: Dünger macht den Boden fruchtbar und **fertig** zum Ernten.

harvest – *haːvißt*	die Ernte
to harvest – *haːvißt*	ernten

LH: Im **Herbst** wird geerntet.

204

weed – wiːd	das Unkraut

LH: **wildes** Kraut
Wird umgangssprachlich auch für Marihuana verwendet.

breed – briːd	die Rasse
breeding – _briːding_	die Zucht

LH: to **breed** – brüten

cattle – kätl	das Vieh

LH: Das Vieh wird an einer **Kette** auf die Weide geführt.

meadow – _medəu_	die Wiese

LH: Die Wiese wird ge**mäh**t.

money – _mani_	das Geld

LH: Das Geld wird **mon**atlich abgerechnet.

coin – koin	die Münze

LH: klangähnlich **Kohlen** für Geld

to owe – əu	schulden

LH: „**O weh**, so viele Schulden."

savings – _ßeivings_	die Ersparnisse
to save – _ßeif_	sparen
safety – _ßeifti_	die Sicherheit

LH: **safe** – _sicher_
→ Mit Ersparnissen fühlt man sich sicher.

tax – _täkß_	die Steuer

LH: Die **Taxi**fahrer beschweren sich über zu hohe Steuern.

insurance – _inschuərənß_	die Versicherung
to insure – _inschuə_	versichern

LH: **sure** – _sicher_
In meinem Auto suche ich die Versicherungsunterlagen und finde sie im **Schulranzen**.

to change – _tscheindsch_	wechseln

LH: Im April **scheint** die Sonne sehr wechselhaft.

to rise – _rais_	steigen

LH: Die **Reis**produktion steigt jedes Jahr.

to increase – _inkri:ß_	erhöhen, steigern

LH: **In** einer **Krise** erhöht sich der Stresspegel.

| **to decrease** – *dikri:ß* | sinken, verringern |

LH: *Nach **der Krise** sinkt der Stresspegel.*

| **value** – *välju:* | der Wert |

LH: ***Valuta** ist der Tag, an dem die Gutschrift auf das Konto kommt.*

| **loss** – *loß* | der Verlust |

LH: *Mit dem Kauf von **Losen** macht man meistens Verlust.*

| **share** – *scheə* | die Aktie |
| **to share** | (ver)teilen |

LH: *Eine **Schar** von Aktionären teilen sich eine Carsharing Firma.*

| **currency** – *karənßi* | die Währung |

LH: *Währungen unterliegen **Kurs**schwankungen.*

| **account** – *əkaunt* | das Konto |

LH: **count** – zählen
→ **Auf einem Konto wird Geld gezählt (count).**

| **gross** – *grəuß* | brutto |

LH: *Das Brutto-Gehalt ist **groß** im Vergleich zum Netto-Gehalt.*

Technik und Forschung

Klangähnliche Vokabeln

technique – *tekni:k*	die Technik
technical – *teknikl*	technisch
technology – *teknolədschi*	die Technologie
energy – *enədschi*	die Energie
scale – *ßkeil*	die Skala, der Maßstab
precise – *prißaiß*	präzise, genau
method – *methəd*	die Methode
theory – *thiəri*	die Theorie
theoretical – *thiəretikl*	theoretisch
function – *fangkschn*	die Funktion
result – *risalt*	das Resultat, das Ergebnis
machine – *məschi:n*	die Maschine
electric(al) – *ilektrik(l)*	elektrisch

pump – *pamp*	die Pumpe
motor – *məutə*	der Motor
system – *ßißtəm*	das System
systematic – *ßißtəmätik*	systematisch
to adjust – *ədschaßt*	einstellen, adjustieren
cable – *keibl*	das Kabel
battery – *bätəri*	die Batterie
electronic – *ilektronik*	elektronisch
automatic – *o:təmätik*	automatisch
mechanical – *məkänikl*	mechanisch
radioactive – *reidiəuäktiv*	radioaktiv
solar – *səulə*	Solar-, Sonnen-
renewable energies – *rinju:əbl enədschis*	die erneuerbaren Energien
experiment – *ikßperimənt*	das Experiment
negative – *negətif*	negativ
positive – *poßətif*	positiv
efficient – *ifischnt*	effizient
effective – *ifektif*	effektiv
material – *mətiəriəl*	das Material
mixture – *mikßtschə*	die Mischung
to mix – *mikß*	(ver)mischen
powder – *paudə*	das Puder
glass – *gla:ß*	das Glas

plastic – _pläßtik_	das Plastik, der Kunststoff
metal – _metl_	das Metall
gas – _gäs_	das Gas
oil – _oil_	das (Erd)öl
leather – _lethə_	das Leder (LH: th → d)
wool – _wul_	die Wolle
gold – _gəuld_	das Gold
silver – _ßilvə_	das Silber (LH: ve → b)
copper – _kopə_	das Kupfer (LH: p → pf)
steel – _ßti:l_	der Stahl
stone – _ßtəun_	der Stein
marble – _ma:bl_	der Marmor
coal – _kəul_	die Kohle
cement – _ßəment_	der Zement
aluminium – _äləminiəm_	das Aluminium
raw – _ro:_	roh
light – _lait_	leicht (LH: gh(t) → ch(t))
rough – _raf_	rau, grob
soft – _ßoft_	weich, soft
fragile – _frädschail_	zerbrechlich, fragil
thick – _thik_	dick (LH: th → d)
thin – _thin_	dünn (LH: th → d)

Lernhilfen

science – _ßaiənß_	die (Natur)wissenschaft
scientific – _ßaiəntifik_	wissenschaftlich

LH: *"**Science** has existed **since** the old Greeks."*

research – _rißö:tsch_	die Forschung

LH: Das Präfix **re-** steht für „wieder". **search** – suchen
→ In der Forschung wird immer wieder nach neuen Entdeckungen gesucht.

to work – _wö:k_	funktionieren

LH: Die Maschinen in der **Werk**statt funktionieren.

power – _pauə_	die Kraft, die Energie
powerful – _pauəfl_	stark, kräftig

LH: Die **Power** Rangers sind sehr stark.

engine – _endschin_	der Motor, die Maschine

LH: **End**lich läuft der Motor wieder.

invention – _invenschn_	die Erfindung
to invent – _invent_	erfinden

LH: **In** meiner Werkstatt habe ich ein neues **Vent**il erfunden.

useful – *ju:ßfl*	nützlich
useless – *ju:ßləß*	nutzlos
to use – *ju:ß*	nutzen

LH: *klingt ähnlich wie* **juice** *(Saft)*
→ *Gesunde Fruchtsäfte trinken nutzt der Gesundheit.*

discovery – *dißkavəri*	die Entdeckung
to discover – *dißkavə*	entdecken

LH: *Das Präfix* **dis-** *steht für „gegenteilig".* **cover** *– bedecken*
→ *Das Gegenteil von bedecken: aufdecken oder entdecken*

pressure – *preschə*	der Druck

LH: *Wenn man auf etwas* **presst**, *wird Druck ausgeübt.*

pipe – *paip*	das Rohr

LH: **Pipe**line

switch – *ßwitsch*	der Schalter

LH: **Switch**en *mithilfe eines Schalters von einem Programm in das nächste.*

cloth – *kloth*	der Stoff, das Tuch

LH: **clothes** *– Kleidung (LH: th → d)*
→ *Kleidung wird aus verschiedenen Stoffen genäht.*

213

wood – *wud*	das Holz

LH: *Das Holz kommt von den Bäumen im **Wald**.*
woods - *Wälder*

cotton – *kotn*	die Baumwolle

LH: *Die **Kutten** waren früher aus grober Baumwolle genäht.*

silk – *ßilk*	die Seide

LH: ***Silke** trägt gerne Seide.*

iron – *ai<u>ə</u>n*	das Eisen

LH: ***Iron**man trägt einen Anzug aus Eisen.*

concrete – *<u>kongkri:t</u>*	der Beton

LH: ***concrete** – handfest, **konkret***

heavy – *<u>hevi</u>*	schwer

LH: *to **heave** – heben (LH: ve → b)*

smooth – *ßmu:th*	glatt

LH: *Meine Katze **schmust** gerne mit dem glatten Ledersofa.*

to consist of – kənßißt əf	bestehen aus
consistency – kənßißtənßi	die Konsistenz

LH: Die **Konsistenz** eines Materials hängt von dessen Bestandteilen ab.

Gesellschaft, Geschichte und Religion

Klangähnliche Vokabeln

social – *ßəuschl*	sozial
nation – *neischn*	die Nation
nationality – *näschənäləti*	die Nationalität
state – *ßteit*	der Staat, Staats-, staatlich
signature – *ßignətschə*	die Signatur, die Unterschrift
official – *əfischl*	offiziell, amtlich
department – *dipa:tmənt*	die Abteilung, das Amt, das Departement
form – *fo:m*	das Formular
civil – *ßivl*	zivil, bürgerlich
population – *popjuleischn*	die Population, die Bevölkerung
province – *provinß*	die Provinz
status – *ßteitəß*	der Status

private – *praivət*	privat
rich – *ritsch*	reich
diversity – *daivö:ßəti*	die Vielfalt, die Diversität
beggar – *begə*	Bettler/in
misery – *misəri*	das Elend, die Misere
immigrant – *imigrənt*	Immigrant/in
asylum – *əßailəm*	das Asyl
emigrant – *emigrənt*	Emigrant/in
racism – *reißism*	der Rassismus
discrimination – *dißkrimineischn*	die Diskriminierung, die Benachteiligung
to discriminate – *dißkrimineit*	diskriminieren, benachteiligen
monarchy – *monəki*	die Monarchie
monarch – *monək*	Monarch/in
empire – *empaiə*	das Reich, das Empire
emperor, empress – *empərə, emprəß*	Kaiser/in, Imperator/in
aristocracy – *ärißtokrəßi*	die Aristokratie, der Adel
crown – *kraun*	die Krone
historical – *hißtorikl*	historisch
kingdom – *kingdəm*	das Königreich
king – *king*	der König
prince – *prinß*	der Prinz
princess – *prinßeß*	die Prinzessin

slave – *ßleif*	Sklave/Sklavin
revolution – *rev<u>ә</u>lu:schn*	die Revolution
epoch – *i:pok*	die Epoche
modernity – *mod<u>ö</u>:nәti*	die Moderne
imperialism – *imp<u>iә</u>riәlism*	der Imperialismus
nationalism – *n<u>ä</u>schnәlism*	der Nationalismus
fascism – *f<u>ä</u>schism*	der Faschismus
colony – *k<u>o</u>lәni*	die Kolonie
colonization – *kolәna<u>i</u>s<u>ei</u>schn*	die Kolonisation, die Besiedlung
civilization – *ßivәla<u>i</u>s<u>ei</u>schn*	die Zivilisation
Stone Age – *ß<u>tәun</u> eidsch*	die Steinzeit
antiquity – *änt<u>i</u>kwәti*	die Antike
Middle Ages – *m<u>idl</u> eidschis*	das Mittelalter
God – *god*	der Gott (LH: d → t)
moral – *m<u>o</u>rәl*	moralisch
immoral – *im<u>o</u>rәl*	unmoralisch
religion – *ril<u>i</u>dschәn*	die Religion
religious – *ril<u>i</u>dschәs*	religiös
atheist – *<u>ei</u>thiißt*	Atheist/in
holy – *h<u>әu</u>li*	heilig (LH: y → g / j)
existence – *igs<u>i</u>ßtәnß*	die Existenz
to exist – *igs<u>i</u>ßt*	existieren
Christian – *kr<u>i</u>ßtschәn*	christlich

219

Catholic – _käthlik_	katholisch
Pope – _pəup_	der Papst
priest – _pri:ßt_	Priester/in
nun – _nan_	die Nonne
Protestant – _protißtənt_	protestantisch, evangelisch
Bible – _baibl_	die Bibel
sin – _ßin_	die Sünde (LH: i → ü)
hell – _hel_	die Hölle
devil – _devl_	der Teufel (LH: d → t)
paradise – _pärədaiß_	das Paradies
angel – _eindschəl_	der Engel
Islamic – _islämik_	islamisch
Muslim – _mußlim_	moslemisch
Jewish – _dschu:isch_	jüdisch
Hindu – _hindu:_	hinduistisch
Buddhist – _budißt_	buddhistisch
Monk – _mangk_	der Mönch (LH: k → ch)
Soul – _ßəul_	die Seele

Lernhilfen

society – *ßəßaiəti*	die Gesellschaft

LH: High **Society**, **social** - gesellig

wealth – *welth*	der Reichtum
wealthy – *welthi*	wohlhabend

LH: In der ganzen **Welt** ist nur ein kleiner Prozentteil wohlhabend.

poverty – *povəti*	die Armut
poor – *po:*	arm

LH: Armut ist das **pure** Elend.

citizen – *ßitisn*	Bürger/in

LH: die Bürger einer Stadt – **City**

inhabitant – *inhäbitənt*	Einwohner/in

LH: **habit** – Gewohnheit
→ Man bleibt aus Gewohnheit am selben Wohnort.

capital – *käpitl*	die Hauptstadt

LH: ein neues Lebens**kapitel** beginnen mit dem Umzug in die Hauptstadt

| community – kəmju:nəti | die Gemeinde, die Gemeinschaft |

LH: In einer Gemeinde/Gemeinschaft wird miteinander **kommun**iziert.

| mayor – meə | Bürgermeister/in |

LH: ein Bürgermeister namens Herr **Meier**

| town hall – taun ho:l | das Rathaus |

LH: wörtl. Stadthalle
→ Das Rathaus steht meistens in der Nähe der Stadthalle.

| class – kla:ß | die Schicht |

LH: In der obersten Schicht zu sein, ist **klasse**.

| foreigner – forənə | Fremde/r, Ausländer/in |
| foreign – forən | fremd, ausländisch, Auslands- |

LH: **Vor Eigen**heiten von Fremden haben manche Menschen Angst.

| queen – kwi:n | die Königin |

LH: **Queen** Elizabeth

| to conquer – kongkə | erobern |

LH: Bei der Eroberung von New York City muss King **Kong** das Empire State Building über**quer**en.

| ruler – _ru:lə_ | Herrscher/in |

LH: **rule** – **Regel**
→ Herrscher legen Regeln fest.

| nobility – _nəubilͅəti_ | der Adel |

LH: Der Adel ist sehr **nobel**.

| to liberate – _libͅəreit_ | befreien |

LH: **liberal** – freiheitlich

| spirit – _ßpirit_ | der Geist |

LH: **Spirit**uosen (Alkohol) sind an der Luft flüchtig wie ein Geist.

| faith – _feith_ | das Vertrauen, der Glaube |

LH: **face** – Gesicht
→ Einem ehrlichen Gesicht vertraut man leichter.

| to believe – _bili:f_ | glauben |

LH: Man kann an **belie**big viele Sachen glauben.

| to pray – _prei_ | beten |

LH: Fürs Beten bekommt man keinen **Preis**.
prayer – Gebet, Andacht

conscience – _konschnß_	das Gewissen

LH: wörtl. mit Wissenschaft
→ Überprüfe dein Gewissen wissenschaftlich.

forever – _fərevə_	ewig

LH: **for** – **für**, **ever** – immer → für immer

Kommunikationsmittel und Medien

Klangähnliche Vokabeln

post – *pəußt*	die Post
to post – *pəußt*	aufgeben
postcode – *pəußtcəud*	die Postleitzahl
post office – *pəußt ofiß*	das Postamt, die Post
to send – *ßend*	senden, schicken
postcard – *pəußtka:d*	die Postkarte
postbox – *pəußtbokß*	der Briefkasten
postage – *pəußtidsch*	das Porto
sender – *ßendə*	Absender/in
addressee – *ädreßi:*	Adressat/in
information – *infəmeischn*	die Information/en
a piece of information	eine Einzelinfomation
to inform – *info:m*	informieren, benachrichtigen

news – *nju:s*	die Nachrichten
newspaper – *nju:ßpeipə*	die Zeitung
paper – *peipə*	das Papier, die Zeitung
daily paper – *deili peipə*	die Tageszeitung
magazine – *mägəsi:n*	das Magazin, die Illustrierte
article – *a:tikl*	der Artikel
edition – *idischn*	die Edition, die Ausgabe
radio – *reidiəu*	das Radio
television – *telivischn*	das Fernsehen
TV – *ti:vi:*	das Fernsehen
to watch TV – *wotsch*	fernsehen
programme – *prəugräm*	das Programm
commercial – *kəmö:schl*	kommerziell, gewerblich, die Werbung
truth – *tru:th*	die Treue, die Wahrheit
true – *tru:*	treu
press – *preß*	die Presse
report – *ripo:t*	der Report, der Bericht, die Reportage
to report – *ripo:t*	berichten
headline – *hedlain*	die Schlagzeile, die Kopfzeile
special edition – *ßpeschl idischn*	die Spezial-Edition, die Sonderausgabe
TV quiz show – *ti:vi: kwis schəu*	das Fernsehquiz

station – *ßteischn*	die Station, der Sender
live – *laif*	live, direkt
reality – *riäləti*	die Realität, die Wirklichkeit
in reality	tatsächlich
real – *riəl*	real, echt, wahr, eigentlich, tatsächlich
to realize – *riəlais*	realisieren, verwirklichen
fact – *fäkt*	der Fakt, die Tatsache, der Umstand
objective – *əbdschektif*	objektiv
Internet – *intənet*	das Internet
multimedia – *maltimi:diə*	Multimedia
line – *lain*	die Linie, die Zeile, die Leitung
computer – *kəmpju:tə*	der Computer
computer game – *geim*	das Computerspiel
computer virus – *vairəß*	Computervirus
laptop – *läptop*	der Laptop
interactive – *intəäktiv*	interaktiv
hardware – *ha:dweə*	die Hardware
software – *ßoftweə*	die Software
data – *deitə*	die Daten
database – *deitəbeiß*	die Datenbank
to enter – *entə*	eintreten, eingeben
to install – *inßto:l*	installieren

to scan – *ßkän*	scannen
pasword – *pa:ßwo:d*	das Passwort
backup copy – *bäkap kopi*	die Sicherheitskopie
DVD – *di:vi:di:*	DVD
DVD player – *pleiə*	DVD-Player
online – *onlain*	online
offline – *oflain*	offline
virtual – *vö:tschuəl*	virtuell
to surf – *ßö:f*	surfen
server – *ßö:və*	der Server
browser – *brausə*	der Browser
digital – *didschitl*	digital
e-mail – *i:meil*	die E-Mail
to e-mail – *i:meil*	eine E-Mail schreiben, emailen
e-mail address – *i:meil ədreß*	die E-Mail-Adresse
link – *link*	der Link
website – *webßait*	die Webseite, der Internetauftritt
homepage – *həumpeidsch*	die Homepage
webpage – *webpeidsch*	die Webseite
to click – *klik*	klicken, knacken, schnappen
text message – *tekßt meßidsch*	die SMS
to text – *tekßt*	eine SMS schreiben
text – *tekßt*	der Text

fax – *fäkß*	das Fax
to download – *daunləud*	(Dateien) herunterladen
mouse – *mauß*	die Maus
cursor – *kö:ßə*	der Cursor, der Mauszeiger

Lernhilfen

letter – *letə*	der Brief, der Buchstabe, das Schreiben

LH: klangähnlich **Blätter**
→ Ein Brief besteht aus mindestens einem Blatt Papier.

parcel – *pa:ßl*	die Parzelle, das Paket, das Päckchen

LH: Lagere auf deiner **Parzelle** (Stück Land) viele kleine Päckchen für das nächste Weihnachtsfest.

stamp – *ßtämp*	der Stempel, die Briefmarke
to stamp – *ßtämp*	frankieren

LH: Der Wert einer Briefmarke kann auch ge**stemp**elt werden.

counter – *kauntə*	der Schalter
to counter – *kauntə*	kontern, dagegenhalten

LH: gegen (**kont**ra) einen Schalter drücken

issue – _ischu_	das Thema, die Angelegenheit

LH: „Ziehe dir diesen **Schuh** nicht an! Das Thema macht dir nur Probleme.‟

topical – _topikl_	aktuell

LH: Der **Pickel** auf deiner Nase ist aktuell dein **Top**thema.

front page – _frant peidsch_	die Titelseite
page – _peidsch_	der Page, die Seite, das Blatt

LH: Die **Front**seite eines Autos ist vorne.

incredible – _inkredəbl_	unglaublich

LH: Dem glaube ich nicht, der bekommt keinen **Kredit** bei mir.

mobile – _məubail_	das Handy

LH: Abkürzung für **mobile** phone, das **mobile** Telefon

to ring – _ring_	klingeln, anrufen

LH: Die Klingel macht „**ring**, **ring**, **ring**...‟.

to dial – _daiəl_	wählen
dialling code – _daiəling kəud_	die Vorwahl

LH: Ich wähle und führe danach einen **Dialog** mit dir.

to call – *ko:l*	rufen, anrufen, nennen
call – *ko:l*	der Anruf, der Ruf, das Gespräch
phone call – *fəun ko:l*	das Telefongespräch
local call – *ləukl ko:l*	das Ortsgespräch
long-distance call – *long-dißtənß ko:l*	das Ferngespräch

LH: **Call**-*Center*

phone – *fəun*	das Telefon
to phone – *fəun*	anrufen
to phone back – *fəun bäk*	zurückrufen
answerphone – *a:nßəfəun*	der Anrufbeantworter
phone book – *fəun buk*	das Telefonbuch
phone card – *fəun ka:d*	die Telefonkarte
phone box – *fəun boks*	die Telefonzelle

LH: *Telefon*

engaged – *ingeidschd*	besetzt

LH: *Wenn ein Mensch sich sehr* **engagiert**, *ist er besetzt für zusätzliche Aktivitäten.*

to hang up – *häng ap*	auflegen

LH: *Bei den ersten Telefonen wurde der Hörer* **aufgehängt**.

231

printer – _printə_	der Drucker
to print out – _print aut_	ausdrucken

LH: Es gibt ein Weihnachtsgebäck namens **Printen**. Es ist sehr hart und erinnert in der Form an die Typenhebel alter Schreibmaschinen. Mit ihrer Hilfe wurden die Buchstaben gedruckt.
print – Eindruck, Foto, Kopie
in print – vorrätig (im Buchhandel)
out of print – vergriffen

keyboard – _ki:bo:d_	die Tastatur, die Klaviertasten

LH: **key** – Keil, Taste, Schlüssel; **board** – Bord, Brett, Tafel
→ Leg dir einmal einen Schlüssel auf das Vorderbrett deiner Tastatur.

to paste – _peißt_	einfügen (einer Datei, eines Textes), anpassen, bekleben

LH: Mit „**paste** – **Paste**, Kleber" kann man Teile zusammenfügen.

to delete – _dili:t_	löschen, tilgen, wegstreichen

LH: Es hat mit dem deutschen Wort **tilgen** zu tun.
Die Frau **litt** unter der Streichung ihrer Planstelle.

to record – _riko:d_	aufnehmen

LH: Früher wurde mit einem Kassetten**rekord**er Musik aufgenommen.

operation system – _opəreiting ßißtəm_	das Betriebssystem

LH: Damit werden die **Operationen** durchgeführt.

folder – _fəuldə_	der Ordner, die Faltmappe (LH: d → t)

LH: **Folder** hat den gleichen Ursprung wie **falten**.

to zip – _sip_	komprimieren

LH: Eine **Zip**-Datei ist eine komprimierte Datei.

Politik, Gesetz und Sicherheit

Klangähnliche Vokabeln

politics – _polətikß_	die Politik
political – _pəlitikl_	politisch
to reign – _rein_	regieren
minister – _minißtə_	Minister/in
chancellor – _tscha:nßələ_	Kanzler/in
president – _presidənt_	Präsident/in
party – _pa:ti_	die Partei
opposition – _opəsischn_	die Opposition, der Widerstand
to influence – _influənß_	beeinflussen
democracy – _dimokrəßi_	die Demokratie
democratic – _deməkrätik_	demokratisch
republic – _ripablik_	die Republik
parliament – _pa:ləmənt_	das Parlament
dictatorship – _dikteitəschip_	die Diktatur
capitalism – _käpitəlism_	der Kapitalismus
socialism – _ßəuschəlism_	der Sozialismus
communism – _komjunism_	der Kommunismus
diplomatic – _dipləmätik_	diplomatisch
ideology – _aidiolədschi_	die Ideologie
union – _ju:niən_	die Union, die Vereinigung

majority – *mədschərəti*	die Mehrheit
minority – *mai̲nərəti*	die Minderheit
to demonstrate – *de̲mənßtreit*	demonstrieren
crisis – *krai̲ßiß*	die Krise
court – *ko:t*	das Gericht
legal – *li̲:gl*	legal
illegal – *ili̲:gl*	illegal
crime – *kraim*	die Kriminalität, das Verbrechen
criminal – *kri̲minl*	strafbar, kriminell
criminal – *kri̲minl*	Kriminelle, Verbrecher/in
freedom – *fri̲:dəm*	die Freiheit
free – *fri:*	frei
to steal – *ßti:l*	stehlen
to rob – *rob*	berauben, ausrauben
robbery – *ro̲bəri*	der Raub(überfall)
murder – *mö:də*	der Mord
to murder – *mö:də*	ermorden
to swear – *ßweə*	schwören
to control – *kəntrəu̲l*	kontrollieren
soldier – *səu̲ldschə*	Soldat/in
flag – *fläg*	die Flagge, die Fahne
army – *a̲:mi*	die Armee, das Militär
weapon – *we̲pən*	die Waffe (LH: p → pf / f)

to shoot – *schuːt*	schießen (LH: sc → sch)
attack – *ətäk*	der Angriff, die Attacke
troop – *truːp*	die Truppe
conflict – *konflikt*	der Konflikt
to betray – *bitrei*	verraten, betrügen
terrorism – *terərism*	der Terrorismus
uniform – *juːnifoːm*	die Uniform
hero – *hiərəu*	Held/in
to flee – *fliː*	fliehen, flüchten
to threaten – *thretn*	(be)drohen (th → d)

Fun Fact

Schottland ist berühmt für seine rauen Highlands, sein unbeständiges Wetter mit Stürmen und viel Regen, seiner Ölindustrie in Aberdeen und seinem schottischen Whisky. Die Steuereinnahmen der Ölindustrie kommen dem gesamten Königreich zugute und sind ein weiterer Grund für die Unabhängigkeitsbestrebungen der Schotten.

Lernhilfen

government – *gavnmənt*	die Regierung
to govern – *gavn*	regieren

LH: *Der **Governeur** regiert Landesteile.*

embassy – *embəßi*	die Botschaft

LH: ***Amber** spielt **Bass** im Botschaftsgebäude.*

election – *ilekschn*	die Wahl
to elect – *ilekt*	wählen

LH: ***Selektiere** etwas, dann wähle aus.*

vote – *vəut*	die Abstimmung, die Stimme
to vote – *vəut*	wählen

LH: ***Votum***

to suppress – *ßəpreß*	unterdrücken

LH: ***sup-** - unter; to **press** – drücken, **pressen***

(in)dependence – *(in)dipendənß*	die (Un)abhängigkeit
(in)dependent – *(in)dipendənt*	(un)abhängig

LH: *Die USA feiert jeden 4. Juli den **Independence** Day.*

negotiation – *nigəuschieischn*	die Verhandlung

LH: *Die Verhandlung verlief eher **negativ**.*

law – *lo:*	das Recht, das Gesetz

LH: ***law** and order – Recht und Ordnung*

justice – *dschaßtiß*	die Gerechtigkeit
(un)just – *(an)dschaßt*	(un)gerecht

LH: *Die Gerechtigkeit hat gerade (**just**) gesiegt.*

punishment – *panischmənt*	die Strafe
to punish – *panisch*	bestrafen

LH: *Der Angeklagte reagiert **panisch**, als er von der Strafe hört.*

victim – *viktim*	das Opfer

LH: ***Vicky** und **Tim** sind Opfer eines Raubüberfalls.*

trial – *traiəl*	der Prozess, das Gerichtsverfahren

LH: ***Trial** heißt auch „Probe, Prüfung, Belastung".*
*to **try** – probieren, versuchen*
→ Ein Prozess ist eine Prüfung, eine Belastung für den Angeklagten und es wird „probiert", ob er schuldig oder unschuldig ist.

| guilt – *gilt* | die Schuld |
| guilty – *gil̲ti* | schuldig |

LH: *Die Schuld **gilt** für den Schuldigen.*

| to accuse – *əkjus* | anklagen |
| accused – *əkju:sd* | Angeklagte |

LH: *Der Angeklagte entschuldigt (**excuse**) sich für seine Tat.*

| witness – *wit̲nəß* | Zeuge/Zeugin |

LH: ***Wit** ist auch „der Witz".*
→ *Stell dir einen besonders witzigen Zeugen vor.*

| innocent – *i̲nəßənt* | unschuldig |

LH: *eine unschuldige **Cent**-Münze*

| statement – *ßteitmənt* | die Aussage |

LH: *Eine Aussage **steht** für etwas.*

| to acquit – *əkwi̲t* | freisprechen, begleichen |

LH: *Mit einer **Quitt**ung spreche ich meinen Schuldner frei von der Zahlung.*

proof – *pru:f*	der Beweis
to prove – *pru:f*	beweisen

LH: *Ein Beweis wird immer geprüft.*

suspect – *ßaßpekt*	der/die Verdächtige

LH: *Der Verdächtige kommt mir **suspekt** vor.*

sentence – *ßentənß*	das Urteil
to sentence – *ßentənß*	verurteilen

LH: *auch **sentence** – Satz*
→ *Das Urteil wird in mehreren Sätzen verkündet.*

to confess – *kənfeß*	gestehen

LH: **Konfession**

violence – *vaiələnß*	die Gewalt
violent – *vaiələnt*	gewalttätig

LH: *blaue oder **violette** Flecken von einer Gewalttat*

arrest – *əreßt*	die Verhaftung, die Festnahme
to arrest	verhaften, festnehmen

LH: *unter **Arrest** stehen*

| war – *wo:* | der Krieg |

LH: *Der Krieg* **war** *grausam.*

| peace – *pi:ß* | der Frieden |
| peaceful – *pi:ßfl* | friedlich |

LH: *Love and* **Peace**

| border – *bo:də* | die Grenze |

LH: *Eine* **Borte** *begrenzt oft ein Kleidungsstück.*

| to fight – *fait* | kämpfen |

LH: *in einem* **Fight** *Club kämpfen lernen*

| gun – *gan* | die Waffe |

LH: *mit einer Waffe eine* **Gan**s *erschießen*

| armed – *a:md* | bewaffnet |

LH: *Eine* **Armee** *ist bewaffnet.*

| navy – *neivi* | die Marine |

LH: *Ein Schiff wird* **navigiert.**

air force – *eə fo:ß*	die Luftwaffe

LH: **air** – Luft, **force** – Kraft

enemy – *enəmi*	Gegner/in, Feind/in

LH: **Emmi** ist meine Feindin.

battle – *bätl*	die Schlacht

LH: In Schlachten kämpfen **Bataillone**.

refugee – *refjudschi:*	der Flüchtling

LH: Ein Flüchtling hätte gerne **Flügel**, um schneller anzukommen.

defence – *difenß*	die Verteidigung
to defend – *difend*	verteidigen

LH: Die Verteidigung muss gegen **den Feind** standhalten.

to escape – *ißkeip*	flüchten, entkommen

LH: Der Stoff des **Capes** (Umhang) weht bei der Flucht herum.

to guard – *ga:d*	beschützen, bewachen
guardian – *ga:diən*	Beschützer/in, Hüter/in

LH: Kennst du den Film **Guard**ians of the Galaxy?

Fun Fact

Die älteste noch heute existierende Allianz zwischen zwei Staaten wurde im Jahr 1386 zwischen England und Portugal geschlossen. Sie besiegelt eine „unzerstörbare Freundschaft" zwischen den Ländern. Davor kämpften die beiden Staaten im Jahr 1385 in der Schlacht von Aljubarrota gemeinsam erfolgreich gegen Johann I., welcher das Königreich Kastilien regierte.

Kommunikation

Klangähnliche Vokabeln

speech – *ßpi:tsch*	das Sprechen, die Sprache, die Rede
conversation – *konvəßeischn*	die Konversation, das Gespräch
to say – *ßei*	sagen
to speak – *ßpi:k*	sprechen
to chat – *tschät*	chatten, plaudern
to whisper – *wißpə*	wispern, flüster
answer – *a:nßə*	die Antwort
to thank – *thängk*	danken
Thank you!	Danke schön!
to want – *want*	wünschen, wollen
to mean – *mi:n*	meinen, vorhaben
will – *will*	der Wille
wish – *wisch*	der Wunsch

to wish – *wisch*	wünschen
to forgive – *fəgif*	vergeben, verzeihen
order – *o:də*	die Order, die Ordnung, die Anweisung, der Befehl
to order – *o:də*	anordnen, befehlen
to authorise – *o:thərais*	authorisieren, bevollmächtigen
instructions – *inßtrakschns*	die Instruktion, die Anweisung
to allow – *əlau*	erlauben
ban – *bän*	der Bann, das Verbot
to be right – *bi: rait*	Recht haben, im Recht sein
to be wrong – *bi: rong*	Unrecht haben, im Unrecht sein
to accept – *əkßept*	akzeptieren
to tolerate – *toləreit*	tolerieren, etw. hinnehmen
to prefer – *prifö:*	preferieren, vorziehen
preference – *prifö:rənß*	die Präferenz
exact – *igsäkt*	exakt, genau
to claim – *kleim*	reklamieren, behaupten, fordern
criticism – *kritißism*	die Kritik
to criticize – *kritißais*	kritisieren
for example – *fər igsa:mpl*	zum Beispiel
against – *əgenßt*	gegen
discussion – *dißkaschn*	die Diskussion
to discuss – *dißkaß*	diskutieren
concession – *kənßeschn*	die Konzession, das Zugeständnis

to concede – *kənßi:d*	zugestehen
to insist on – *inßißt on*	bestehen auf, insistieren
argument – *a:gjumənt*	das Argument, der Streit, die Auseinandersetzung
to argue – *a:gju:*	argumentieren, streiten
rage – *reidsch*	die Rage, die Wut
shout – *schaut*	der Schrei
to shout – *schaut*	schreien
angry – *ängri*	ärgerlich, böse
disturb – *dißtö:b*	stören
to protest – *prəuteßt*	protestieren
protest – *prəuteßt*	der Protest
lie – *lai*	die Lüge
to lie – *lai*	lügen
mean – *mi:n*	gemein

Fun Fact

Jeden November findet im Hotel Bridge Inn in Cumbria (England) der Worlds Biggest Liar Competition (weltgrößter Lügnerwettbewerb) statt. Es wird die größte und glaubhafteste Lüge gekürt, die in fünf Minuten erzählt werden muss. Ausgeschlossen von der Teilnahme sind Juristen und Politiker.

247

Lernhilfen

to talk – *to:k*	sprechen, reden

LH: **Talk**-Show

to tell – *tel*	erzählen, sagen, befehlen

LH: Am **Tele**fon erzählst du stundenlang Geschichten.

silence – *Bailənẞ*	die Stille, die Ruhe, das Schweigen

LH: Reim **still** – **sil**
„**silencio**" ruft der Dirigent und erntet eine **seelen**volle Stille.

explain – *ikẞplein*	erklären
explanation – *ekẞpləneischn*	die Erklärung

LH: Die Vorsilbe **ex-** bedeutet „aus, heraus".
Plain bedeutet außer „plan", „flach", „eben" auch „einfach", „klar",
„offensichtlich", „deutlich".
→ Mit einer Erklärung stellst du etwas klar heraus.

message – *meẞidsch*	die Message, die Nachricht

LH: Ein Pfarrer versucht mit seiner Predigt während der **Messe** eine
Message rüberzubringen.

gossip – *goẞip*	der Klatsch

LH: Vielleicht kennst du die Serie „**Gossip** Girl"?

| to mention – _menschn_ | erwähnen |
| mention – _menschn_ | die Auszeichnung, die Belobigung, die Erwähnung |

LH: klangähnlich **Menschen**
Während einer Belobigung werden die betreffenden **Menschen** mit Namen und Tat erwähnt.

| to ask – _a:ßk_ | fragen, bitten, fordern |

LH: Ein weiser **Asket** wird oft um Rat gebeten.

| question – _kweßtschn_ | die Frage |

LH: „Ich **quetsche** die Antwort auf meine Frage aus dir heraus!"

| feasible – _fi:səbl_ | durchführbar, machbar |

LH: Die Arbeit ist ziemlich **fieselig**, aber dennoch machbar.

| to assure – _əscho:_ | zusichern |

LH: **a-** - hin, hinzu; **sure** – sicher

| reply – _riplai_ | die Antwort, die Rückmeldung |
| to reply | antworten |

LH: **replizieren**

promise – _promiß_	das Versprechen
to promise – _promiß_	versprechen

LH: **pro-** – für; **misery** – Misere, Elend
→ Ich verspreche dir, für den Fall einer Misere zu helfen.

apology – _əpolədschi_	die Entschuldigung
to apologize – _əpolədschais_	sich entschuldigen

LH: Gott **Apollo** ist der Gott des Lichts, der Heilung, der sittlichen Reinheit. → Wer sich entschuldigt tut etwas für diese positiven Eigenschaften.

excuse – _ikßkju:ß_	die Entschuldigung, die Ausrede
Excuse me! – _ikßkju:ß mi:!_	Entschuldigung!
to excuse – _ikßkju:ß_	entschuldigen

LH: Entschuldigung für den **Kuss** mit deiner **Ex**-Freundin!

request – _rikweßt_	die Bitte, die Aufforderung

LH: **re-** – wieder, zurück; **question** – Frage
→ Manche Aufforderung benötigt eine wiederholte Frage.

to prohibit – _prəhibit_	verbieten, verhindern, untersagen
prohibition – _prəhibischn_	das Verbot, die Entmündigung

LH: Die ehemalige **Prohibition** in den USA ist auch als Alkoholverbot bekannt.

permit – _pö:mit_	die Erlaubnis
permission – _pəmischn_	die Genehmigung, die Erlaubnis
to permit – _pö:mit_	erlauben

LH: Kennst du **Kermit**, den Frosch? Er hat die Erlaubnis, jeden Unfug zu machen.
Permit heißt auch „Passagierschein".
→ Personen haben die Erlaubnis mitzufahren.

| to obey – _əbei_ | gehorchen, folgen, parieren |

LH: klangähnlich einem **Oberst**, dem du gehorchen musst

| opinion – _əpinjən_ | die Meinung |

LH: Nehme deinen lieben **Opi** und sag ihm endlich mal die Meinung.

| to prevent – _privent_ | verhindern, verhüten |
| prevention – _privenschn_ | der Schutz, die Verhütung |

LH: **Prävention** ist eine Vorsorge, mit der man Schlimmeres verhindern will.

| to grant – _gra:nt_ | gewähren, bewilligen |

LH: klangähnlich **grandfather**
→ Er gewährt den Enkeln mehr als die Eltern.

to suggest – *ßədscheßt*	vorschlagen
suggestion – *ßədscheßtschn*	der Vorschlag

LH: **Suggestion**

to concern – *kənßö:n*	betreffen, für jmd. wichtig sein

LH: *Große* **Konzerne** *sind wichtig für die Wirtschaft eines Landes.*

to convince – *kənvinß*	überzeugen
convinced – *kənvinßt*	überzeugt
conviction – *kənviktschn*	die Überzeugung

LH: *Ein* **Konvent** *ist die Niederlassung einer Ordensgemeinschaft von überzeugten Anhängern eines Glaubens.*

to recommend – *rekəmend*	empfehlen, sich jmd. anvertrauen

LH: comment – **Kommentar**
→ **Kommen**tiere *dein Lieblingsrestaurant und empfehle es damit weiter.*
Deinem **Kommander** *kannst du dich anvertrauen.*

to advice – *ədvais*	raten
advice – *ədvais*	der Rat, der Ratschlag

LH: *ein* **weiser** *Rat*

important – *impo:tnt*	wichtig
unimportant – *animpo:tnt*	unwichtig
importance – *impo:tnß*	die Wichtigkeit

LH: Der **Import** (Einführung von Gütern) ist wichtig für ein Land.

point of view – *point əf fju:*	der Standpunkt

LH: wörtl. Punkt der Sicht

trouble – *trabl*	der Ärger

LH: klangähnlich **Trubel** → Dabei entsteht häufig Ärger.

wrath – *roth*	der Zorn

LH: Manche werden **rot** vor Zorn.

annoying – *ənoiing*	nervig, ärgerlich
annoyed – *ənoid*	genervt, sauer
to annoy – *ənoi*	nerven, ärgern

LH: **Anne** sagt immer „**no**", das ist nervig.

to bother – *bothə*	stören, belästigen

LH: klangähnlich **brother** – Bruder oder **both** – beide
→ Stör deinen Bruder und belästigt eure Mutter mit dem Streit.

to complain – *kəmplein*	sich beklagen, sich beschweren

LH: klangähnlich **komplett**
→ Erst wenn das Fass **komplett** übergelaufen ist, beschwerst du dich.

refusal – *rifju:sl*	die Ablehnung, die Weigerung
to refuse – *rifju:s*	ablehnen, sich weigern

LH: Billiger **Fusel** wird allgemein abgelehnt.

to reject – *ridschekt*	zurückweisen

LH: **re-** - zurück
→ Weise das Angebot eines **Rischka**-Fahrers zurück.

secret – *ßi:krət*	das Geheimnis

LH: Der britische Auslands-Geheimdienst nennt sich auch **Secret** Service.

to insult – *inßalt*	beleidigen
insult – *inßalt*	die Beleidigung

LH: klangähnlich **salt** – Salz
→ Versalzt du das Essen mit Absicht, ist der andere beleidigt.

Redewendungen

Good morning – *gud mo:ning*	Guten Morgen
Good afternoon – *gud a:ftənu:n*	Guten Tag
Good evening – *gud i:vning*	Guten Abend
Good night – *gud nait*	Gute Nacht
Goodbye – *gud bai*	Auf Wiedersehen
Farewell – *feəwel*	Leb wohl
Welcome – *welkəm*	Willkommen
Have a nice day! – *häv ə naiß dei*	Schönen Tag!
Come in! – *kam in*	Herein!
Hello – *hələu*	Hallo
Hi – *hai*	Hallo
Nice to meet you! – *naiß tə mi:t ju*	Sehr erfreut!
Could you...? – *kud jə*	Könnten Sie/Könntest du...?
Have a seat, please! – *häv ə ßi:t pli:s*	Nehmen Sie doch bitte Platz!
Please, help yourself! – *pli:s help jəßelf*	Bedienen Sie sich!
That's enough, thank you. – *thätß inaf thängk ju*	Das ist genug, danke.
Can I help you? – *kən ai help ju*	Kann ich Ihnen/dir helfen?
Yes, please. – *jeß pli:s*	Ja, gerne.
Lucky you! – *laki ju:*	Zum Glück!
How are you? – *hau a: ju*	Wie geht es Ihnen/dir?

Fine, thank you. – *fain <u>thängk</u> ju*	Danke, gut!
For heaven's sake! – *fə <u>hevn</u>ß ßeik*	Um Himmels willen!
My goodness! – *mai <u>gudn</u>əß*	Ach du meine Güte!
Oh my God! – *əu mai <u>god</u>*	Oh Gott!
What's the matter? – *wotß the <u>mät</u>ə*	Was ist los?
What do you know! – *wot du jə <u>nəu</u>*	Na so was!
That doesn't matter. – *thät daßnt <u>mät</u>ə*	Das macht nichts.
Never mind. – *<u>nev</u>ə maind*	Das macht nichts.
Even better. – *i:vn <u>bet</u>ə*	Umso besser.
You bet! – *ju <u>bet</u>*	Und ob!
What a pity! – *wot ə <u>piti</u>*	Wie schade!
Come on! – *kam <u>on</u>*	Komm!
Get out! – *get <u>aut</u>*	Raus!
Enough! – *<u>inaf</u>*	Genug!
in case – *in <u>keiß</u>*	für alle Fälle
All right. – *o:l <u>rait</u>*	Alles klar.
That's it! – *thätß <u>it</u>*	Das war's!
That's done! – *thätß <u>dan</u>*	Das ist getan!
Bye! – *bai*	Tschüss!
Till tomorrow! – *til tə<u>mor</u>əu*	Bis morgen!
See you! – *<u>ßi:</u> jə*	Bis dann!

See you later! – *ßi: jə leitə*	Bis später!
See you soon! – *ßi: jə su:n*	Bis bald!
Schon gut! – *näwə maind*	Never mind!
Schlaf gut! – *ßli:p wäl*	Sleep well!
Gute Reise! – *häf ä gud trip*	Have a good trip!
Gute Besserung! – *gät wäl su:n*	Get well soon!

Fun Fact

James IV. von Schottland hat zwei Kinder zu einer stummen Frau auf eine abgelegene Insel namens Inchkeith geschickt. Er wollte herausfinden, ob Sprache angeboren oder erlernt ist. Die Ergebnisse waren unklar und das Experiment wurde von einem Oberhaupt eines nicht mehr existierenden Staates Mughal Empire auf dem indischen Subkontinent wiederholt. Seine Ergebnisse zeigten, dass Sprache durch Hören erlernt wird und nicht angeboren ist.

Zeit

Klangähnliche Vokabeln

date – *deit*	das Datum
moment – *məumənt*	der Moment, der Augenblick
in – *in*	im Jahr(e), in
year – *jiə*	das Jahr (LH: y → j)
yearly – *jiəli*	jährlich
month – *manth*	der Monat
monthly – *manthli*	monatlich
January – *dschänjuəri*	der Januar
February – *februəri*	der Februar
March – *ma:tsch*	der März
April – *eiprəl*	der April
May – *mei*	der Mai
June – *dschu:n*	der Juni
July – *dschulai*	der Juli

August – _o:gəßt_	der August
September – _ßeptembə_	der September
October – _oktəubə_	der Oktober
November – _nəuvembə_	der November
December – _dißembə_	der Dezember
season – _ßi:sn_	die Jahreszeit, die Saison
summer – _ßamə_	der Sommer
winter – _wintə_	der Winter
week – _wi:k_	die Woche (LH: k → ch)
weekend – _wi:kend_	das Wochenende
weekly – _wi:kli_	wöchentlich
day – _dei_	der Tag (LH: d → t) (LH: y → g)
daily – _deili_	täglich
by day – _bai dei_	tagsüber
today – _tədei_	heute
yesterday – _jeßtədei_	gestern (LH: y → g)
tomorrow – _təmorəu_	morgen
working day – _wö:king dei_	der Werktag, der Arbeitstag
Monday – _mandei_	der Montag
Friday – _fraidei_	der Freitag
Saturday – _ßätədei_	der Samstag
Sunday – _ßandei_	der Sonntag
morning – _mo:ning_	der Morgen, der Vormittag

night – *nait*	die Nacht (LH: gh(t) → ch(t))
tonight – *tənait*	heute Nacht/Abend
midnight – *midnait*	die Mitternacht (LH: d → t)
now – *nau*	jetzt, nun
nowadays – *nauədeis*	heutzutage
while – *wail*	die Weile
long – *long*	lang
often – *ofn*	oft, häufig
never – *nevə*	niemals
seldom – *ßeldəm*	selten (LH: d → t)
by – *bai*	bis (spätestens)
since – *ßinß*	seit
before – *bifo:*	bevor, vor
then – *then*	dann, danach (LH: th → d)
last – *la:ßt*	letzter, als Letzter/s
to start – *ßta:t*	beginnen, anfangen, starten
to begin – *bigin*	beginnen, anfangen
to stop – *ßtop*	aufhören, stoppen
end – *end*	das Ende, der Schluss
to end – *end*	beenden
minute – *minit*	die Minute
second – *ßekənd*	die Sekunde
sharp – *scha:p*	Punkt (Uhrzeit), scharf (LH: p → f)

Lernhilfen

time – *taim*	die Zeit

LH: **time** over – die Zeit ist abgelaufen

present – *presnt*	die Gegenwart

LH: **präsent** sein, anwesend in der Gegenwart

past – *pa:ßt*	die Vergangenheit

LH: In der Vergangenheit habe ich oft **Pasta** gegessen.

future – *fju:tschə*	die Zukunft

LH: Im Deutschen gibt es die Zeitformen **Futur** 1 und 2.

century – *ßentschəri*	das Jahrhundert

LH: von lat. **centum** – hundert

spring – *ßpring*	der Frühling

LH: Im Frühling **springen** die Kinder fröhlich herum.

autumn – *o:təm*	der Herbst

LH: Die **Atem**züge werden wieder frischer im Herbst.

Tuesday – _tju:sdei_	der Dienstag

LH: „**Tu es**! Dienstags wird gearbeitet."

Wednesday – _wensdei_	der Mittwoch

LH: **Wenn es** mitten in der Woche ist, ist es Mittwoch.

Thursday – _thö:sdei_	der Donnerstag

LH: Donnerstag bin ich immer so durstig (**thirsty**).

noon – _nu:n_	der Mittag

LH: **Nun** ist es Mittag.

afternoon – _a:ftənu:n_	der Nachmittag

LH: **after** – nach, **noon** – Mittag

evening – _i:vning_	der Abend

LH: Good **evening**! – Guten Abend!

during – _djuəring_	während
duration – _djuəreischn_	die Dauer

LH: Kennst du den **Durin**stag aus dem Film „der Hobbit"?
Die geheime Tür zum Berg kann nur während des **Durin**stages
geöffnet werden.

to last – *la:ßt*	dauern

LH: Die schwere **Last** dorthin zu tragen wird dauern.

to take – *teik*	dauern

LH: *to* **take** – nehmen, sich Zeit nehmen

shortly – <u>*scho:tli*</u>	in Kürze
short – *scho:t*	kurz

LH: Kurze Hosen nennt man auch **Shorts**.

ever – <u>*evə*</u>	jemals, schon einmal

LH: Have you **ever** been here? – Warst du schon jemals hier?

already – *o:l<u>redi</u>*	schon

LH: Ich bin **all**seits be**reit** (**ready**).

always – <u>*o:l*</u>*weis*	immer

LH: wörtl. **all ways** – alle Wege
→ Alle Wege führen immer irgendwo hin.

sometimes – <u>*ßamtaims*</u>	manchmal

LH: wörtl. zu manchen Zeiten

any time – _äni taim_	jederzeit, irgendwann

LH: AE **anytime**
any – _etwas, irgendein, jede(r,s)_

frequent – _fri:kwənt_	häufig

LH: **Frequenz**

rarely – _reəli_	kaum

LH: **rare** – _rar, selten_

usually – _ju:schuəli_	üblicherweise, meistens

LH: **Ursula** _steht meistens um 7 Uhr auf._

recently – _ri:ßntli_	kürzlich, vor kurzem

LH: _Vor kurzem hat es_ **Cent**_-Stücke geregnet/gerießelt._

still – _ßtil_	noch

LH: _Es ist immer noch_ **still**. – _It's_ **still** _quiet._

yet – _jet_	schon
not yet – _not jet_	noch nicht

LH: _Der_ **Jet** _ist noch nicht gelandet._

(un)till – *(an)til*	bis

LH: auch **till** – Kasse

→ Die Kasse hat bis 20 Uhr geöffnet.

for – *fo:*	seit, lang

LH: **für** eine lange Zeit

once – *wanß*	einst, einmal

LH: **one** – eins

twice – *twaiß*	zweimal

LH: **two** – zwei

suddenly – *ßadnli*	plötzlich

LH: **Sady** ist plötzlich traurig (**sad**).

urgent – *ö:dschənt*	eilig, dringend

LH: Mein **Ur**großvater muss **dring**end zum Arzt.

immediately – *imi:diətli*	sofort

LH: Ich fange **imm**er sofort nach Weihnachten mit einer neuen **Diät** an.

| current – _karənt_ | aktuell |

LH: Unser Auto (**car**) knurrt aktuell sehr oft.

| early – _ö:li_ | früh |

LH: the **early** bird – der frühe Vogel (fängt den Wurm)

| late – _leit_ | spät |
| lately – _leitli_ | in letzter Zeit |

LH: „Es tut mir **leid**, dass ich zu spät bin. In letzter Zeit passiert das häufiger."

| soon – _ßu:n_ | bald |

LH: Der Mond (**moon**) wird bald untergehen und die Sonne (**sun**) aufgehen.

| first – _fö:ßt_ | erster, als Erstes, zunächst |

LH: klingt ähnlich wie „**erst**" nur ohne f und (LH: i → e)

| to finish – _finisch_ | aufhören, enden |
| finally – _fainəli_ | endlich, schließlich |

LH: **final** – Finale

over – _ǝuvǝ_	vorbei, zu Ende

LH: **over** and out

delay – _dilei_	die Verspätung
to delay – _dilei_	verspäten, verzögern

LH: **lay** – legen, Lage
→ Ich habe zu lange gelegen und bin deshalb verspätet.

to continue – _kǝntinju:_	fortsetzen

LH: **kontinu**ierlich (ununterbrochen)

to interrupt – _intǝrapt_	unterbrechen

LH: In der Informatik versteht man unter einem **Interrupt** eine vorübergehende Unterbrechung eines laufenden Programms.

ago – _ǝgǝu_	vor

LH: "Megan married one year **ago**."

hour – _auǝ_	die Stunde
half an hour – _ha:f ǝn auǝ_	die halbe Stunde
quarter of an hour – _kwo:tǝ ǝf ǝn auǝ_	die Viertelstunde

LH: Kennst du die Serie „24 **hours**"?

o'clock – əklok	Uhr
clock – klok	die Uhr
around the clock – əraund thə klok	rund um die Uhr

LH: Die Uhr macht „klock".

Vergangenheitsform (simple past) Verb sein (to be)

ich war	ai wo:ß	I was
du warst	ju wö:	you were
er/sie/es war	hi/schi/it wo:ß	he/she/it was
wir waren	wi wö:	we were
ihr wart	ju wö:	you were
sie waren	thei wö:	they were

Raum

Klangähnliche Vokabeln

there – *theə*	dort(hin), dahin (LH: th → d)
side – *ßaid*	die Seite (LH: d → t)
middle – *midl*	die Mitte (LH: d → t)
front – *frant*	die Vorderseite (LH: d → t)
in front of – *in frant əf*	vor
behind – *bih<u>ai</u>nd*	hinter, dahinter (LH: d → t)
above – *əb<u>af</u>*	über, oberhalb
over – *<u>əu</u>və*	über (LH: ve → b)
under – *<u>an</u>də*	unter (LH: d → t)
right – *rait*	rechts (LH: gh → ch)
left – *left*	links
near – *niə*	nahe
here – *hiə*	hier
next to – *nekßt tə*	neben

deep – *di:p*	tief (LH: d → t) (LH: p → f)
high – *hai*	hoch (LH: gh → ch)
through – *thru:*	durch (LH: th → d)
into – *intə*	in (hinein)
out of – *aut əf*	aus (heraus)
forward(s) – *fo:wəd(s)*	vorwärts (LH: d → t)
distance – *dißtənß*	die Distanz, die Entfernung
position – *pəsischn*	die Position, der Standort
to come – *kam*	kommen
to go – *gəu*	gehen
to reach – *ri:tsch*	erreichen
to fall – *fo:l*	fallen, stürzen

Lernhilfen

place – *pleiß*	der Ort, die Stelle

LH: auch **Platz**

opposite – *opəsit*	gegenüber

LH: *Opposition*

back – *bäk*	die Rückseite
backward(s) – *bäkwəd(s)*	rückwärts

LH: auch **back** – Rücken, **backpack** – Rucksack

down – *daun*	hinunter, (he)runter
downstairs – *daunßteəs*	unten

LH: **Da hinunter!**

below – *biləu*	unter
low – *ləu*	tief, niedrig

LH: Die **Biene** fliegt unter den **Löwen** durch.

to – *tu:*	nach, zu
towards – *təwo:ds*	auf...zu

LH: **to** – **zu** (LH: t → z)

away – *əwei*	weg, fort

LH: **a way** – ein Weg
→ Ein Weg führt fort.

far – *fa:*	weit

LH: **far away** – weit weg

between – *bitwi:n*	zwischen

LH: **to be** – sein, **tween** – zwischen (LH: t → z)
→ Ein **Teenie** befindet sich zwischen dem Kindes- und Erwachsenenalter.

across – ǝkroß	(hin)über
LH: to **cross** – überqueren	

somewhere – ßamweǝ	irgendwo
LH: **some** – etwas, irgendein; **where** – wo	

anywhere – eniweǝ	überall
LH: **any** – etwas, beliebig, jede(r,s); **where** – wo	

everywhere – evriweǝ	überall
LH: **every** – jede(r,s), alle(r,s); **where** – wo	

nowhere – nǝuweǝ	nirgendwo
LH: **no** – nicht, kein(e); **where** – wo	

by – bai	neben
LH: nebenan **bei** meinem Nachbarn	

up – ap	hinauf, hoch, nach oben
upstairs – apßteǝs	oben
LH: **up** and down – auf und **ab**	

from – *from*	aus

LH: *Ich komme aus dem* **from**men *England.*
„I'm **from** England."

direction – *direkschn*	die Richtung

LH: *Beim* **Dirig**ieren *wird die Richtung vorgegeben.*

inside – *in*ß*aid*	innerhalb

LH: **I**nnenseite

outside – *aut*ß*aid*	außerhalb

LH: **Auß**enseite

to get – *get*	(hin)kommen, ankommen

LH: **Get** *out! – Geh raus!*

to walk – *wo:k*	(zu Fuß) gehen
to go for a walk	spazieren gehen

LH: *Nordic* **Walk**ing

to hurry – *hari*	(sich) (be)eilen

LH: *sich* **he**tzen, **ha**stig

to appear – ə_pi_ə	erscheinen, auftauchen
to disappear – diß_ə_pi_ə	verschwinden

LH: Beim **Apparieren** aus Harry Potter erscheint und verschwindet man plötzlich.

speed – ßpi:d	die Geschwindigkeit

LH: **Speed**y Gonzales, die schnellste Maus von Mexiko

Farben und Formen

Klangähnliche Vokabeln

red – *red*	rot (LH: d → t)
blue – *blu:*	blau
yellow – *jeləu*	gelb (LH: y → g)
green – *gri:n*	grün
orange – *orindsch*	orange
brown – *braun*	braun
white – *wait*	weiß
violet – *vaiələt*	violett
grey – *grei*	grau
pink – *pingk*	pink, rosa
dark – *da:k*	dunkel
colour – *kalə*	die Farbe
square – *ßkweə*	das Quadrat
circle – *ßö:kl*	der Kreis
sphere – *ßfiə*	die Kugel, die Sphäre
point – *point*	der Punkt, die Spitze
line – *lain*	die Linie
flat – *flät*	flach

Lernhilfen

colourful – _kaləfl_	bunt

LH: _etwas_ **kolori**_eren_

black – _bläk_	schwarz

LH: _Kennst du den Film_ „**Black** _Swan" (schwarzer Schwan)?_

light – _lait_	hell

LH: **light** – **Licht** → _Licht ist hell._

angle – _ängl_	der Winkel
angular – _ängjulə_	winklig, eckig

LH: _klingt ähnlich bis auf das_ **w**

rectangle – _rektängl_	das Rechteck

LH: **rect** – **recht**, **angle** – **Winkel**
→ _Ein Rechteck hat nur rechte Winkel_ (90°).

triangle – _traiängl_	das Dreieck

LH: **tri** – **drei**, **angle** – **Winkel**
→ _Ein Dreieck hat drei Winkel._

shape – *scheip*	die Form, die Gestalt

LH: Man sagt auch „in **Shape** kommen", das bedeutet fit werden.

corner – *ko:nə*	die Ecke

LH: **Körner** haben keine Ecken.

edge – *edsch*	die Kante, der Rand

LH: **Edge** klingt wie **Ecke**.

→ Eine Kante endet an einer Ecke.

arrow – *ärəu*	der Pfeil

LH: **Armors** Pfeil

Fun Fact

Besiedlungsnachweise für die walisische Hauptstadt Cardiff ganz im Süden der Insel gibt es von 4000 v. Chr. In dieser Gegend wohnten bis 78 n. Chr. die Silurer, ein kriegerischer Stamm der Kelten, die von den Römern mit viel Mühen besiegt wurden.

Im Jahr 1093 wurde die Hafenstadt mit heute über 360000 Einwohnern zum ersten Mal urkundlich erwähnt. Im 19. Jh. gehörte fast die ganze Stadt einer Familie namens Bute. Durch die Industrialisierung und den Steinkohleabbau erlebte die bis dahin kleine Stadt einen Wachstumsschub. Nach Ausbau des Hafens Tiger Bay durch die Butes wurde er der weltweit größte Kohlehafen. Seit der Kohlekrise verwandelt sich das Hafengebiet in eine Dienstleistungs- und Vergnügungszone.

St. Davids Centre ist das größte Einkaufscenter in Wales und bietet über 200 Geschäften Platz. An der Cardiff University, einer der vier Hochschulen Cardiffs studieren über 30000 Studenten.

Zahlen und Maßeinheiten

Klangähnliche Vokabeln

number – *nambə*	die Zahl, die Nummer
sum – *ßam*	die Summe
to add – *äd*	addieren
to subtract – *ßəbträkt*	subtrahieren
to multiply – *maltiplai*	multiplizieren
to divide – *divaid*	dividieren
to calculate – *kälkjuleit*	(aus)rechnen, kalkulieren
difference – *difrənß*	die Differenz
measure – *meschə*	das Maß
to measure – *meschə*	messen
thermometer – *thəmomitə*	das Thermometer
degree – *digri:*	der Grad
weight – *weit*	das Gewicht (LH: gh(t) → ch(t))
to weigh – *wei*	wiegen
gramme – *gräm*	das Gramm
kilo(gram) – *kilə(gräm)*	das Kilo(gramm)
ton(ne) – *tan*	die Tonne
pound – *paund*	das Pfund
ounce – *aunß*	die Unze
metre – *mi:tə*	das Meter

millimetre – *milimi:tə*	das Millimeter
centimetre – *ßentimi:tə*	der Zentimeter
kilometre – *kiləmi:tə*	der Kilometer
foot – *fut*	der Fuß
yard – *ja:d*	der Yard
mile – *mail*	die Meile
inch – *intsch*	der Zoll, der Inch
litre – *li:tə*	der Liter
barrel – *bärəl*	das Barrel
pint – *paint*	das Pint
gallon – *gälən*	die Gallone
type – *taip*	der Typ, die Sorte, die Art
sort – *ßo:t*	die Sorte, die Art
level – *levl*	das Level, das Niveau, die Ebene
series – *ßiəri:s*	die Serie, die Reihe
group – *gru:p*	die Gruppe
to arrange – *əreindsch*	anordnen
quality – *kwoləti*	die Qualität
quantity – *kwontəti*	die Quantität, die Menge
pair – *peə*	das Paar
all – *o:l*	alle
both – *bəuth*	beide (LH: th → d)
nothing – *nathing*	nichts

Lernhilfen

digit – _didschit_	die Ziffer

LH: **digit**ale Ziffern

figure – _figə_	die Zahl

LH: Die Maße einer **Figur** lässt sich in Zahlen vermessen.

numerous – _nju:mərəß_	zahlreich

LH: **number** – Nummer, Zahl

order – _o:də_	die (Reihen)folge

LH: **Ordnung**

kind – _kaind_	die Art, die Sorte

LH: Ein **Kind** hat verschiedene Arten von Spielsachen.

none – _nan_	keine(r,s)

LH: Die **Nonne** hat keine bunte Kleidung.

much – _matsch_	viel

LH: Durch **Matsch** ergeben sich viele Schmutzflecken.

many – _meni_	viele

LH: **Many** klingt wie **money** (Geld).
→ Im Englischen heißt allerdings „viel Geld": **much money**

a lot of – _ə lot əf_	viel(e)

LH: Im **Lotto** kann man viel Geld gewinnen.

few – _fju:_	wenig(e)

LH: Eine **Feder** hat wenig Gewicht.

little – _litl_	wenig

LH: Ein **Liter** Wasser ist zu wenig zum Waschen.

another – _ənathə_	noch ein(e)

LH: wörtl. ein andere(r,s)

about – _əbaut_	ungefähr, etwa

LH: Dieser **Bau** ist ungefähr 20 Meter hoch.

piece – _pi:ß_	das Stück

LH: a **piece** of cake – ein Stück Kuchen

Allgemeine Begriffe

Klangähnliche Vokabeln

rest – *reßt*	der Rest
normal – *no:ml*	normal, üblich
detail – *di:teil*	das Detail, die Einzelheit
to limit – *limit*	begrenzen, limitieren
to combine – *kəmbain*	verbinden, kombinieren
original – *əridschnəl*	das Original
reaction – *riäkschn*	die Reaktion
completely – *kəmpli:tli*	komplett, vollkommen
absolutely – *äbßəlu:tli*	absolut, total
generally – *dschenrəli*	generell, im Allgemeinen
willingly – *wilingli*	gern, bereitwillig
regular – *regjulə*	regelmäßig
irregular – *iregjulə*	unregelmäßig

Lernhilfen

together – t*ə*g*e*th*ə*	zusammen

LH: **to-** – zu und **-gether** klangähnlich **Gatter**
→ Füge zwei Gattertore zusammen.

average – *ä*v*ə*ridsch	durchschnittlich, der Durchschnitt

LH: Ich finde **Vera** ziemlich durchnittlich und das bringt sie immer in **Rage.**

comparison – k*ə*mp*ä*rißn	der Vergleich
to compare – k*ə*mp*ee*	vergleichen

LH: Vergleiche **Paris** mit (lat. **com-**) **Arizon**a.

especially – ißpeschli	besonders, vor allem

LH: **speziell, spezial**

common – k*o*m*ə*n	gewöhnlich, gemein

LH: Eine **Kommune** ist meist ein gewöhnliches Dorf, keine Großstadt wie Paris.

particular – p*ə*tikjul*ə*	einzeln, eigen, bestimmte(r,s), besondere(r,s)

LH: Ein **Partikel** ist z.B. ein einzelnes Staubkorn.

to include – *inklu:d*	inbegriffen sein, (mit) einschließen

LH: **Inklu**sion bedeutet die Einbeziehung von Menschen in die Gesellschaft.

exception – *ikßepschn*	die Ausnahme
except – *ikßept*	außer, ausgenommen

LH: **ex-** – aus, heraus
→ Außer diesem **Zept**er verkaufe ich alles.

part – *pa:t*	der Teil

LH: **Part**izipieren bedeutet an etwas teilhaben.

only – *əunli*	nur

LH: Kennst du den Song „**Only** you" von den „Flying Pickets"?

just – *dschaßt*	bloß, nur

LH: altdeutsch **just**

equal – *i:kwəl*	gleich

LH: Mir ist es **gleich**/**egal**.

whole – *həul*	ganze(r,s)

LH: Der **Wol**f **heul**t schon eine ganze Weile.

similar – _ßimilə_	ähnlich

LH: Ein **Simile** ist ein Vergleich. In der Literatur wird er als Stilmittel verwendet mithilfe des Wörtchens „wie".
Beispiel: Du bist stark wie ein Bär!

origin – _oridschin_	der Ursprung, die Herkunft
originally – _əridschnəlli_	ursprünglich

LH: Die australischen Ureinwohner werden **Aborigin**es genannt.

how – _hau_	wie

LH: Wie genau hast du dieses **Hau**s gebaut?

too – _tu:_	auch

LH: „Du **tu**st auch immer den gleichen Blödsinn."

somehow – _ßamhau_	irgendwie

LH: **Sam** hat das **Hau**s irgendwie total falsch gebaut.

cause – _ko:s_	die Ursache
to cause – _ko:s_	verursachen, auslösen

LH: **Kaus**al heißt ursächlich.

nearly – _niəli_ | fast

LH: _nahezu_

almost – _o:lməußt_ | fast, beinahe

LH: _Most ist ein alkoholisches Getränk, das fast leer ist._

actually – _äktschuəli_ | eigentlich, tatsächlich

LH: _Nicht verwechseln mit dem Wort „aktuell"!_

Länder, Völker und Sprachen

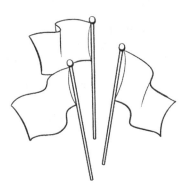

Europe – *juərəp*	Europa
European – *juərəpiːən*	europäisch, Europäer/in
England – *inglənd*	England
English – *inglisch*	englisch, die Engländer
Englishwoman – *inglischwumən*	die Engländerin
Englishman – *inglischmən*	der Engländer
Great Britain – *greit britn*	Großbritannien
British, Briten – *britisch, britn*	britisch, Brite/Britin
Wales – *weils*	Wales
Welsh – *welsch*	walisisch, Waliser/in
Welshman – *welschmən*	der Waliser
Welshwoman – *welschwumən*	die Waliserin
Ireland – *aiələnd*	Irland
Irish – *aiərisch*	irisch, die Iren

Irishman – *aiərischmən*	der Ire
Irishwoman – *aiərischwumən*	die Irin
Northern Ireland – *noːthn aiələnd*	Nordirland
Northern Irish – *noːthn aiərisch*	nordirisch, Nordiren
Scotland – *ßkotlənd*	Schottland
Scottish – *ßkotisch*	schottisch
Scot – *ßkot*	Schotte/Schottin
Celtic – *keltik*	keltisch
Gaelic – *geilik*	gälisch
Germany – *dschöːməni*	Deutschland
German – *dschöːmən*	deutsch, Deutsche
France – *fraːnß*	Frankreich
French – *frentsch*	französisch, die Franzosen
Frenchman – *frentschmən*	der Franzose
Frenchwoman – *frentschwumən*	die Französin
Italy – *itəli*	Italien
Italian – *itäliən*	italienisch, Italiener/in
Greece – *griːß*	Griechenland
Greek – *griːk*	griechisch, Grieche/Griechin
Spain – *ßpein*	Spanien
Spanish – *ßpänisch*	spanisch
Spaniard – *ßpänjəd*	Spanier/in
Portugal – *poːtschəgl*	Portugal

Portuguese – *po:tschugi:s*	portugiesisch, Portugiese/Portugiesin
Austria – *oßtriə*	Österreich
Austrian – *oßtriən*	österreichisch, Österreicher/in
Switzerland – *ßwitßələnd*	die Schweiz
Swiss – *ßwiß*	schweizerisch, Schweizer/in
Belgium – *beldschəm*	Belgien
Belgian – *beldschən*	belgisch, Belgier/in
Netherlands – *nethələnds*	Niederlande
Holland – *holənd*	Holland
Dutch – *datsch*	niederländisch, holländisch, die Niederländer, die Holländer
Dutchman – *datschmən*	der Niederländer, der Holländer
Dutchwoman – *datschwumən*	die Niederländerin, die Holländerin
Poland – *pəulənd*	Polen
Polish – *pəulisch*	polnisch
Pole – *pəul*	der Pole, die Polin
Czech Republic – *tschek ripablik*	Tschechische Republik
Czech – *tschek*	tschechisch, Tscheche/Tschechin
Denmark – *denma:k*	Dänemark
Danish – *deinisch*	dänisch
Dane – *dein*	Däne/Dänin
Sweden – *ßwi:dn*	Schweden

Swedish – *ßwiːdisch*	schwedisch
Swede – *ßwiːd*	Schwede/Schwedin
Finland – *finlənd*	Finnland
Finnish – *finisch*	finnisch
Finn – *fin*	Finne/Finnin
Norway – *noːwei*	Norwegen
Norwegian – *noːwiːdschn*	norwegisch, Norweger/in
Russia – *raschə*	Russland
Russian – *raschn*	russisch, Russe/Russin
Asia – *eischə*	Asien
Asian – *eischn*	asiatisch, Asiate/Asiatin
China – *tschainə*	China
Chinese – *tschainiːs*	chinesisch, Chinese/Chinesin
Turkey – *töːki*	die Türkei
Turkish – *töːkisch*	türkisch
Turk – *töːk*	Türke/Türkin
Japan – *dschəpän*	Japan
Japanese – *dschäpəniːs*	japanisch, Japaner/in
Arabia – *əreibiə*	Arabien
Arabic – *ärəbik*	arabisch
Arab – *ärəb*	Araber/in
India – *indiə*	Indien
Indian – *indiən*	indisch, Inder/in

America – *əmerikə*	Amerika
American – *əmerikən*	amerikanisch, Amerikaner/in
North America – *no:th əmerikə*	Nordamerika
North American – *no:th əmerikən*	nordamerikanisch, Nordamerikaner/in
United States – *ju:naitid ßteitß*	die Vereinigten Staaten, die USA
Canada – *känədə*	Kanada
Canadian – *kəneidiən*	kanadisch, Kanadier/in
Latin America – *lätin əmerikə*	Lateinamerika
Latin American – *lätin əmerikən*	lateinamerikanisch, Lateinamerikaner/in
Hispanic – *hißpänik*	das Hispoamerikanisch
South America – *sauth əmerikə*	Südamerika
South American – *sauth əmerikə*	südamerikanisch, Südamerikaner/in
Brazil – *brəsil*	Brasilien
Brazilian – *brəsiliən*	brasilianisch, Brasilianer/in
Argentina – *a:dschənti:nə*	Argentinien
Argentinian – *a:dschəntiniən*	argentinisch, Argentinier/in
Africa – *äfrikə*	Afrika
African – *äfrikən*	afrikanisch, Afrikaner/in
Egypt – *i:dschipt*	Ägypten
Egyptian – *idschipschn*	ägyptisch, Ägypter/in
South Africa – *ßauth äfrikə*	Südafrika

South African – *ßauth äfrikən*	südafrikanisch, Südafrikaner/in
Australia – *oßtreiliə*	Australien
Australian – *oßtreiliən*	australisch, Australier/in
New Zealand – *nju: si:lənd*	Neuseeland, neuseeländisch
New Zealander – *nju: si:ləndə*	Neuseeländer/in

Gratulation!

Du hast bis zum Ende durchgehalten und dein Ziel erreicht. Du hast deinen Wortschatz deutlich erweitert und über 3000 neue Vokabeln gelernt!

Hast du **Fragen** oder Feedback zum Buch?

Dann schreib uns gerne an: *seppeur@sprachenlernenmalanders.com*

Möchtest du noch mehr Sprachen und Vokabeln lernen?

Alle Bücher von Sprachen lernen mal anders findest du auf den nächsten Seiten und unter:

www.sprachenlernenmalanders.de

Um über Neuveröffentlichungen informiert zu werden, trage dich in unseren **Newsletter** ein und erhalte den **kostenlosen Sprachenguide** mit den 10 wichtigsten Vokabeln fünf verschiedener Weltsprachen:

www.sprachenlernenmalanders.com/sprachenguide

Auf **Instagram** findest du uns unter:

www.instagram.com/sprachenlernenmalanders

Hat dir dieses Buch gefallen?

Dann hilf uns und zukünftigen Lesern mit deinem **Feedback**. Wir würden uns sehr freuen, deine Rezension zu lesen.

www.amazon.de/review/create-review?&asin=B08ZW315WP

Herzlichen Dank!

Mehr Bücher von

SPRACHEN
Lernen mal anders

www.sprachenlernenmalanders.de

ENGLISCH
Lernen mal anders

1000 Vokabeln in 10 Stunden

ENGLISCH
Lernen mal anders

2000 Vokabeln in 20 Stunden

ENGLISCH
Lernen mal anders

3000 Vokabeln in 30 Stunden

BUSINESS ENGLISCH
Lernen mal anders

1000 Vokabeln in 10 Stunden

ENGLISCH
Lernen mal anders

1000 Vokabeln in 10 Stunden

für Fortgeschrittene

SPANISCH
Lernen mal anders

1000 Vokabeln in 10 Stunden

SPANISCH
Lernen mal anders

2000 Vokabeln in 20 Stunden

SPANISCH
Lernen mal anders

3000 Vokabeln in 30 Stunden

SPANISCH
Lernen mal anders

Vamos - erste Schritte

SPANISCH
Lernen mal anders

Sprechen wie ein Spanier

SPANISCH
Lernen mal anders

333 Spanische Redewendungen

ITALIENISCH
Lernen mal anders

1000 Vokabeln in 10 Stunden

ITALIENISCH
Lernen mal anders

3000 Vokabeln in 30 Stunden

FRANZÖSISCH
Lernen mal anders

1000 Vokabeln in 10 Stunden

FRANZÖSISCH
Lernen mal anders

2000 Vokabeln in 20 Stunden

FRANZÖSISCH
Lernen mal anders

3000 Vokabeln in 30 Stunden

Mit 100 Vokabeln um die Welt

SPANISCH
Lernen mal anders

Die 100 wichtigsten Vokabeln
für
Reisende
Abenteurer
Digitale Nomaden
Sprachenbegeisterte

ENGLISCH
Lernen mal anders

Die 100 wichtigsten Vokabeln
für
Reisende
Abenteurer
Digitale Nomaden
Sprachenbegeisterte

FRANZÖSISCH
Lernen mal anders

Die 100 wichtigsten Vokabeln
für
Reisende
Abenteurer
Digitale Nomaden
Sprachenbegeisterte

PORTUGIESISCH
Lernen mal anders

Die 100 wichtigsten Vokabeln
für
Reisende
Abenteurer
Digitale Nomaden
Sprachenbegeisterte

ITALIENISCH
Lernen mal anders

Die 100 wichtigsten Vokabeln
für
Reisende
Abenteurer
Digitale Nomaden
Sprachenbegeisterte

SCHWEDISCH
Lernen mal anders

Die 100 wichtigsten Vokabeln
für
Reisende
Abenteurer
Digitale Nomaden
Sprachenbegeisterte

NORWEGISCH

Die 100 wichtigsten Vokabeln
für
Reisende
Abenteurer
Digitale Nomaden
Sprachenbegeisterte

SPRACHEN

DÄNISCH

Die 100 wichtigsten Vokabeln
für
Reisende
Abenteurer
Digitale Nomaden
Sprachenbegeisterte

SPRACHEN

NIEDERLÄNDISCH

Die 100 wichtigsten Vokabeln
für
Reisende
Abenteurer
Digitale Nomaden
Sprachenbegeisterte

SPRACHEN

RUSSISCH

Die 100 wichtigsten Vokabeln
für
Reisende
Abenteurer
Digitale Nomaden
Sprachenbegeisterte

SPRACHEN

TÜRKISCH

Die 100 wichtigsten Vokabeln
für
Reisende
Abenteurer
Digitale Nomaden
Sprachenbegeisterte

SPRACHEN

CHINESISCH

Die 100 wichtigsten Vokabeln
für
Reisende
Abenteurer
Digitale Nomaden
Sprachenbegeisterte

SPRACHEN

Made in the USA
Monee, IL
01 February 2025